10歳を過ぎた男の子に言ってはいけない45の言葉

子どもを伸ばす母親のひと言

子育てアドバイザー
小屋野 恵 著

メイツ出版

もくじ

チコクだーーっ
なんだよーっ もう ママなんか アテに しないから！
はいはい ぜひ そうしてください

あっ 流れた!!
流れ星 見られるかな

うまいとかヘタとかじゃない
楽しければそれでいいじゃない？
もう一杯いっとく？
そうかそうか
先生はねぇわかってないんだようっ
ダン!!

はい、ゴハン♡
たくさん食べて大きくなるのよ♪
見ただけで腹いっぱいだよ…
楽しく食べたいのに

学校ってさぁ…行かなきゃだめだよね…
フゥーーーッ
ちょっとママ友に聞いてみよう

「男らしい」よりも「この子らしい」
ありのままの姿を受けとめようよ

だってー
だって
だって
だって〜
手玉にとるくらいの余裕でいたいね！

ば……
ばっ？
ばんごはんはサバみそよっ!!

まえがき

※本書は２０１３年発行の『10歳を過ぎた男の子に言ってはいけない45の言葉　反抗期でも母親次第でぐんぐん伸びる』を元に加筆・修正を行っています。

この本で取り上げている十代の男の子たちは、あんなに大好きだったママに背を向け、新しい世界に旅立つ準備を始めています。これは、彼らがおとなになるための最後の関門。彼らは全身であがき、苦しみながらこの関門を突破しようとするのです。それはもうぎこちなく、乱暴で、時にはママの気持ちを逆なでし、傷つけるかもしれません。

私も息子が思春期の頃には、彼の変化に対する驚きやさみしさ、怒りの感情に振り回され、ずいぶんイライラさせられました。そして、愚かなことに、真っ正面からトゲのある言葉を投げつけたり、いら立ちをぶつけたりしてしまいました。振り返ってみると、なぜあそこまでムキになったのか、もう少し心にゆとりを持って受け流せばよかったのに、と反省することばかりです。

この本に紹介したのは、実は私が口にした言葉ばかり。後から冷静になって考えてみると、「言うべきじゃなかった」「こう言えばよかった」と思ったことを、一冊にまとめたものです。

実際には、これらの言葉を一つも口にせず、息子さんの思春期を乗り切るのはかなり難しいことだと思います。そして、言ったからといって、それで親子関係がすぐにおかしくなったり、成長に大きな問題が生じるわけでもなさそうです（私から言いたい放題言われて育った息子も、なんとかおとなになりました）。

ただ、この本にたまに目を通して頂き、ちょっとだけ日々のイライラと距離を置いて、彼らも彼らなりにツライんだ、ということに思いをはせて頂ければ、ママの気持ちがちょっとだけラクになるのではないかと思います。

この嵐を乗り切ると、そこには自分の力で人生を切り拓き、謳歌しようとする若者の姿があります。

旅立ち前の最後のバトル、ぜひ思う存分味わっておいてください。

小屋野　恵

WORD 1

ウソばっかり！

こんなふうに言っちゃうこともあるよね

ウソに決まってる！
ホントのことを言いなさい！
正直に言いなさい！

テストがあったはずなのに
「なかったよ～！」とか、
宿題があるはずなのに「ないよ～！」とか…。
バレバレなのに、ウソばっかりつかれると
イヤになります。

ウソはいけない…けれど

有名な「オオカミ少年の話」というのがあります。いつもいつも「オオカミが来た！」とウソをついて、周りの人を騒がせていた少年が、本当にオオカミがやってきた時に「またウソだろう」と信じてもらえず、誰にも助けてもらえずに殺されてしまう、という話です。これは「ウソをついてはいけないよ」ということをわかりやすく伝えるための寓話《ぐうわ》（たとえ話）。ウソばかりついていると、誰にも信じてもらえなくなるよ、本当に助けてほしい時に、助けてもらえなくなるよ、という教訓が込められています。

確かに、ウソばかりつく人に心から信じ合い、慕い合う友だちができるとは思えませんし、仕事をする上で一番大切だと言われている「信用」は、とても得ることができないでしょう。だからこそ、「オオカミ少年」や「ウソつきは地獄に行ってエンマさまに舌を抜かれる」などという寓話を通じて、子どもが小さい時から「ウソはいけない」ということを繰り返し教えるわけです。

でも、「これまで一度もウソをついたことがないというのが最大のウソ」などという笑い話もあります。実際には、人がウソをつかずに一生過ごすことなど絶対にないと言ってもいいでしょう。

ウソも成長のあかし

特に10歳を過ぎると、正直に言ったがために事態がこじれたり、ひどい目に遭ったりといった、正直さに対する負の経験も重ねています。

それで、今まで何でも正直に親に話していた子が、聞かれたことに対して、あったことを「ない」、なかったはずのことを「ある」と答えたり、事実をちょっと大げさに、または逆に控え目に伝えたり、というようなワザを使い始めるのです。

ママはテストがあると知れば「どうだったの？」と得点を聞きたがります。胸を張って言える点数ならおとがめなしですが、前より下がった、平均点に届いていない、などということが知られたとたん、「勉強しなさい」攻撃が始まるのは目に見えているのです。正直に「宿題がある」と言えば、友だちと約束があるのに「遊びに行く前にやっちゃいなさいよ」と足止めを食らってしまいます。友だちと大ゲ

ンカしたことも、ふざけていて先生からこっぴどく叱られたことも、マット運動で一人だけできなかったことも、忘れ物をしたことも、正直に言えば言うほど後々面倒なことになるのを経験的に知っているのです。これでは正直に言うはずがありません。

しつけの中で「正直に言う」「ウソはつかない」ということを大切に考えるのであれば、彼らが正直に話した時にそのことをきちんと評価しているかどうか、よく考えてみましょう。うまくいかなかったこと、思い通りにならなかったことに対して「そういうこともあるよ」と言ってくれないママに、子どもは何でも正直に打ち明けたりしないのです。

また、悪いこととは逆に、「オレだけほめられた」「ボクだけ正解した」「オレだけできた！」のように、自分だけが特別に評価されたことを必要以上にアピールするようになったら、ちょっと心配したほうがよさそうです。

この傾向は、これまであまり大きな問題がなく順調に育ったお子さんによく見られるもの。これまで得意としてきたことも、周囲の子どもたちの成長によってそれほど差がなくなってきます。この間まで親の期待に十二分に応えられたのに、それができなくなったもどかしさを、いいことを大げさに伝えることでごまかそうとしているということはないでしょうか？

バレバレでもだまされてやる

もともと女性は勘が鋭いので、ママも彼らが精一杯ついたウソを瞬時に見破ることができるかもしれません。でも、そこで「ウソでしょ？」「本当の事を言いなさい」と問い詰める前に、ここはひとつ、だまされたフリをしてあげましょう。

子どもにウソをつかれるとつい「ウソばっかり！」「正直に言いなさい！」と彼らのウソを正面から指摘し、さらには「～のはずでしょ！」「～なわけはないでしょ！」「○○ちゃんのママにちゃんと聞いたわよ！」と、彼らの逃げ場まで奪って追い詰めてしまうというのは、真面目なママがやりがちなこと。でも彼らには周囲、特にママやパパに、「見せたい自分」があるからウソをついているのです。「見せたい自分」と現実の自分とのギャップは、彼らが痛いほど自覚しているもの。それを真正面から指摘しても、彼らのプライドを粉々に砕いてしまうだけ。ママにウソをついていることを指摘されて、「ウソをついて悪かったなぁ。これからは正直に生きよう！」と心から反省するなんてことは、残念ながら絶対にありえません。

バレバレのウソなら、黙って見過ごしてあげるのも母親としての知恵と戦略。「うちの子はこういう自分でいたいんだな」「こういうところでウソをつくんだな」と心のメモに書き止めつつ、にこやかに「そうなのね」「なるほどね」とだまされてあげましょう。そして折にふれて「テストの点が悪くても大したことではない」ことや、「友だちとの関係がうまくいかないこともある」ことなど、都合の悪いことをごまかすために、ママに対してウソをつく必要はないということを繰り返し伝えます。ウソをついた本人は苦しいもの。ありのままの自分を認めてもらえるとわかれば、バレバレのウソは少なくなってきます。

そして、そのうちにもし、自分に都合の悪いことを正直に打ち明けてくれたら、まずは「よく言ってくれたね」とその勇気を評価することや、「それは嫌だったね」「そういうこともあるよ」と共感してあげることを忘れないでほしいのです。

ただ、あまりにも度が過ぎて現実離れしたウソ、友だちをおとしめて自分をよく見せようというようなウソが続くようなら要注意です。もしかしたら自分では解決できないトラブルを抱えているのかもしれません。周囲のママたちを通じて学校での様子や友だち関係についてリサーチしてみましょう。また、家庭内で息子に必要以上のプレッシャーをかけていないか、重過ぎる期待をかけていないかを反省することも必要です。

こうすれば伸びる！

バレバレのウソでも、だまされてやる。

「ありのままの自分」でいいことを繰り返し伝える。

正直に言った時にはちゃんとほめる。

WORD 2

裸にならないで！

こんなふうに言っちゃうこともあるよね

また脱いでる！
ちゃんと洋服を着てちょうだい！
どうしてすぐに裸になるの！

学校から帰ると、すぐに着ているものを脱ぎ捨てます。パンツ一丁でおやつを食べ、ゴロゴロするのです。段々体も大きくなってきたし、半裸の男の子が家の中をウロウロするのには抵抗があるのですが、どうしたらやめさせられますか？

脱ぐのは本能

私の本を読んでくださった方によく言われるのが「息子がすぐに裸になっても心配しないでよかったんですね！」ということです。わが子が学校から帰ってすぐに洋服を脱ぎ捨て、パンツ一丁になって過ごすのを、「恥ずかしいこと」「異常なこと」と考えて、なんとか直したいと悩んでいるママたちは少なくありません。

実は私もその一人だったのです。

ママに男の兄弟がいて、「すぐに脱ぎたがる男子」を目の当たりにして育っていたら、わが子の半裸姿に驚くことはないのでしょう。でも、私のように周囲に男性も男の子もいない環境で育った者にとっては、自分の家の中に、常にパンツ一丁で暮している家族がいるなんて到底信じられませんでした。

しかし、人間の「慣れ」とは恐ろしいもの。今では、息子がずっとシャツを着ていると「寒いの？」と逆に心配になるくらいです。

もともと人間という生き物は、できる限り衣服の拘束から自由になりたいものなのかもしれません。

でも、女の子の場合には、倫理的、道徳的、文化的な観点から、小さいうちから人前で裸になることを強く戒められて育ちます。

逆に男の子の方は、おとなになっても農、漁、工などの仕事の場で、半裸で作業することは珍しくありません。お祭りでは上半身裸に締め込み姿でおみこしを担いだりもしますよね。このように、男子は人前で裸になることに抵抗がないし、周囲もそれを許すという背景があることは間違いありません。

特に活動的な十代の男の子たちにとっては、洋服は邪魔でしかないのでしょう。できれば着たくない、脱げるものならさっさと脱いでしまいたい、というふうに思って過ごしているはずです。そこで、服を着なくても許される家の中では、可能な限り裸で過ごそうとするのかもしれません。

学校から帰ったら玄関のドアを入ったところでパンツ一丁になる、という男の子を何人も知っています。また、わが家に遊びに来ていた中学、高校生男子たちも、息子の部屋では上半身裸、もしくはパンツ一丁で過ごすのが当たり前でした。たまにシャツを着ている子を見かけると、なんだか違和感を抱くことすらあったものです。

そういうわけですから、十代男子がやたらに服を脱ぎたがる、特に上半身裸になりたがるからといって、心配することはありませんし、「また裸になって！」と目くじらを立てることもありません。無理やり洋服を着せようという、無駄な努力も必要ありません。

それに、彼らだって時と場合は心得るようになってきます。来客があるとわかっていて上半身裸になることは（次第に）なくなりますし、玄関で着ているものを脱ぎ始めるようなことも（段々と）しなくなるものです。

筋肉へのあくなき探究心

衣服で体の動きを制限されたくないという気持ちと同時に、十代以降の男子にとって上半身を人目にさらすことは、ある種の自己顕示、自己主張でもあります。それまではただ走り回っていれば機嫌がよかった彼らですが、小学校高学年から中・高校生くらいになると、体つきの逞しさ、筋肉のつき具合などを互いに比較し、評価する目を持ち始めるのです。

特に十代の男子のうち、いわゆる「体育会系」と呼ばれる子たちは、「筋肉」にやたらと敏感になる時期を迎えます。「大胸筋」「上腕二頭筋」など、少し専門的な筋肉の名称が口からポロポロ出てくるようになるのがその証拠。より筋肉がつきやすくなるという触れ込みのプロテインや、効率よくトレーニングできるとアスリートが推薦している家庭用の筋トレマシンなどをほしがる子も出てきます。

「シックスパック」と呼ばれる六つに割れた腹筋にあこがれ、天使が翼をたたんだような背筋にあこがれる彼らは、そのためのトレーニング方法をどこかから教わってきて、自分の部屋でひそかに「特訓」しては、その成果を鏡に映して悦に入ることも。

筋肉の話題でコミュニケーション

私の青春時代に大ヒットした映画「サタデーナイトフィーバー」で、主演のジョン・トラボルタが部屋の鏡に向かって上半身裸でポーズをとり「アル・パチーノ!（みたいだろ?）」と叫ぶシーンを見て「なんじゃこりゃ?」と不思議に思っていましたが、そこから約20年後、うちの息子が同じように鏡に向

かってポーズをとるように。

　お風呂上がりなどにたまたまそういうお子さんの姿を見かけた時、ママは「バカじゃない？」「何やってんの？」とからかってみたい衝動がわき上がってくるかもしれませんが、彼らは真剣なのです。上腕から申し訳程度に盛り上がった力こぶを見せられた時には「何それ〜？」などと笑い物にせず、「おおっ、すごい（筋肉）じゃない？」と大げさなくらいに盛り上げてあげましょう。

　また、筋肉に関する話題は、どんどん会話が少なくなるこの時期の親子をつなぐパイプになります。勉強の話をするとクルリと背を向ける体育会系の十代男子は、筋肉や筋トレの話をすると身を乗り出してくるはず。世の中には彼らの興味に的確に応えてくれる本や雑誌があふれています。この際ですから、ママも少し勉強してみるのはいかがでしょう。何気ない会話の中に、「お母さんは僧帽筋が緊張して肩こりになるんだよねぇ」「階段を上り下りしたら、腓腹筋がピクピクしたわ〜」みたいなことをさらりと口にすると、「え？」と乗ってくることうけあい。

　また、筋トレの中にはパートナーが必要なものがたくさんあります。「筋トレするなら手伝ってあげるよ！」と声をかけると、意外なくらい素直に「いいの？　頼む！」とその気になるはずです。

　体育会系男子の筋肉好きは、ここから数十年は続きます。もしかしたら、元体育会系男子のパパも、ひそかに筋トレに憧れているかもしれません。スポーツクラブや地域のスポーツセンターには、気軽に使えるジムが併設されていますから、筋肉好き男子たちをそこに放り込んで、「男と男の付き合い」をさせるのもいいですね（ただし、成長期の筋トレは、専門家のアドバイスを受けましょう）。

こうすれば伸びる！

裸になるのは本能。
無理やり
やめさせなくてもいい。
筋肉を話題にして親子でコミュニケーション。
パパと息子でジム通いもいいね！

WORD 3

そんなの常識でしょ！

こんなふうに
言っちゃうことも
あるよね

当たり前じゃない！
ダメに決まってるでしょ！

急にごちゃごちゃと屁理屈を言うようになり、私が何を言っても聞く耳がありません。議論しても無駄なので、「そんなの常識でしょ！」で終わらせてしまいます。
子どもはとても不満そうですが…。

ごちゃごちゃうるさい時期

元々おしゃべりをするのが苦手で「議論するより体で勝負！」の男の子たちですが、十代ともなると自分の言い分を言葉で表現しようとする姿勢（も）見られるようになります。

たとえば、家族で買い物に行こうという話になるとしましょう。それまではしぶしぶでもついてきていたものが、「どうしてオレも行かなきゃいけないんだよ～！」「オレは家にいるから行ってきていいよ～！」なんてことを言いだすようになるのです。

彼らにしてみれば、自分の好きなゲームやおもちゃを買ってもらえるならともかく、一日中家族の買い物に付き合わされるなど、たまったものではありません。家族のいない留守に、思い切りゲームをしたり、好きなだけマンガを読んだりしたいという気持ちもあるのかもしれませんね。

買い物同様、遊び相手になってくれる人がいない親戚の家の訪問なども、できたら参加したくないイベントです。「あなた一人を置いていくわけにはいかないよ」と言えば「大丈夫だよ～！　何が危ないんだよ〜。一人で平気だよ〜！」とさらに言いつのるのです。

　でも、帰りが何時になるかわからない、夕飯も外で済ませてくる予定なのに、子どもを一人で留守番させて出て行くわけにはいきません。

　そんな時、つい「ダメに決まってるでしょ！」とはねつけてしまいますよね。

　さらに、「今のうちに宿題済ませてね」「冷めちゃう前にお風呂に入ってね」など、素直に言う通りにしないまでも、聞き流していたこちらの指示にも、一々不満をあらわにして「なんでだよぉ！」「どぉしてだよぉ！」と反発することが増えてきます。

　この場合にも、「そんなの常識でしょ！」「当たり前でしょ！」「ダメに決まってるでしょ！」といったフレーズが、彼らのさらなる屁理屈を封じる有効なひと言になるのです。中には「常識ってなんだよ！」「当たり前って何？」と重ねて反論を試みる猛者もいないではありませんが、ほとんどの男の子はこのセリフを前にすると無力化し、黙り込みます。ママにとってはとても便利なセリフのひとつであることは、間違いないでしょう。

もう大きくなったのだから

子どもに「そんなの常識でしょ！」と言う親の側には、もうわけのわからない子どもではないという、ある種の信頼があります。ある程度ものの道理がわかっている、と思うからこそ口にできる言葉なのです。３歳の幼児相手に「そんなの常識でしょ！」とは言いませんものね。

でも、残念ながら受け取る側は、ちっとも信頼されているとは思えません。問答無用で頭ごなしに「決めつけ」られ、「強制」されているとしか感じないのです。

おとなだって自分の言い分をシャットアウトされ、「常識」と決めつけられるのはいい気分ではありませんよね。特に自意識が急激に高まる時期の十代の男の子たちにとっては、反論することもできず、抑えつけられるだけというのは、非常に不愉快になる言葉。言われて「なるほどね」と納得することはまずありません。結果的に不機嫌なまましぶしぶ従うとしても、反発が心の中にため込まれていくのは確かなのです。

言われて嫌な気持ちになるとわかっている言葉は、家庭の中、特に子どもに対しては使わないほうがお互いに気分よく過ごせるのではないでしょうか？

常識って何？

「常識」とか「当たり前」というのは、それがほとんどの人が共通して持っている価値観とか、規範だとかいう意味の言葉です。でも、実際にはそうでないことの方が多いですよね。「常識」でくくられるようなものごとは、実はとてもあいまいで、時代によって、地域によって、またそれを使う人によって異なるものです。

たとえば、「赤信号で渡らないのがルール」ではありますが、赤信号など無視して人も車も自由に通行する国もあれば、信号に忠実な国もありますよね。日本でも、車がまったく通らない小さな交差点で正直に信号待ちをする人はそう多くはありません。また、私が生まれ育った関西では赤信号で横断する人が多いし、関東では比較的信号をきちんと守るなどという地域差も知られています。

そういえば、東日本大震災の時、電車の来ないホームに整列する日本人の写真が、海外の人から驚きと共に称賛されたこともありました。

どうして？　をいっしょに考える

子育ての日常には、問答無用にシャットアウトする場面も必要であることは、私も経験的にとてもよくわかっています。特に反抗期に入った男の子を前にした時に、細かな議論がまったく役に立たない場合があることは事実。

でも、すべての場面で「常識でしょ！」と決めつければいいというものでもありませんよね。

「常識でしょ！」と言いたくなる場面が百回あれば、そのうち数回でもいいから子どもの言い分もちゃんと聞いてやりませんか？　そして、「どうしていけないのか」をいっしょに考える時間を持てたらいいなぁと思います。

そうすることで、彼らの心のなかにオリのようにたまった不満や反発を、少しガス抜きしてやることができるはず。また、私たち親の側も、彼らの言い分にしっかり耳を傾けることにより、その成長を実感することができるでしょう。

「一人での留守番」の例などは、さまざまな安全対策を講じつつ、経験させてみるというのも選択の一つです。一人で一日中ゲーム三昧になるかもしれませんが、これはおとなが近くにいたら決してできないこと。頭から「ダメ」と決めつけず、範囲を限って許すことにより、経験も積み重なりますし、一人でできたという自信も持てるようになるでしょう。

頭ごなしの「常識」を押し付けるだけではなく、さまざまな経験を通じてそれを実感させたり、「常識」はひとつでないことを知るために多様な価値観に出会わせるのも親の大切な仕事です。

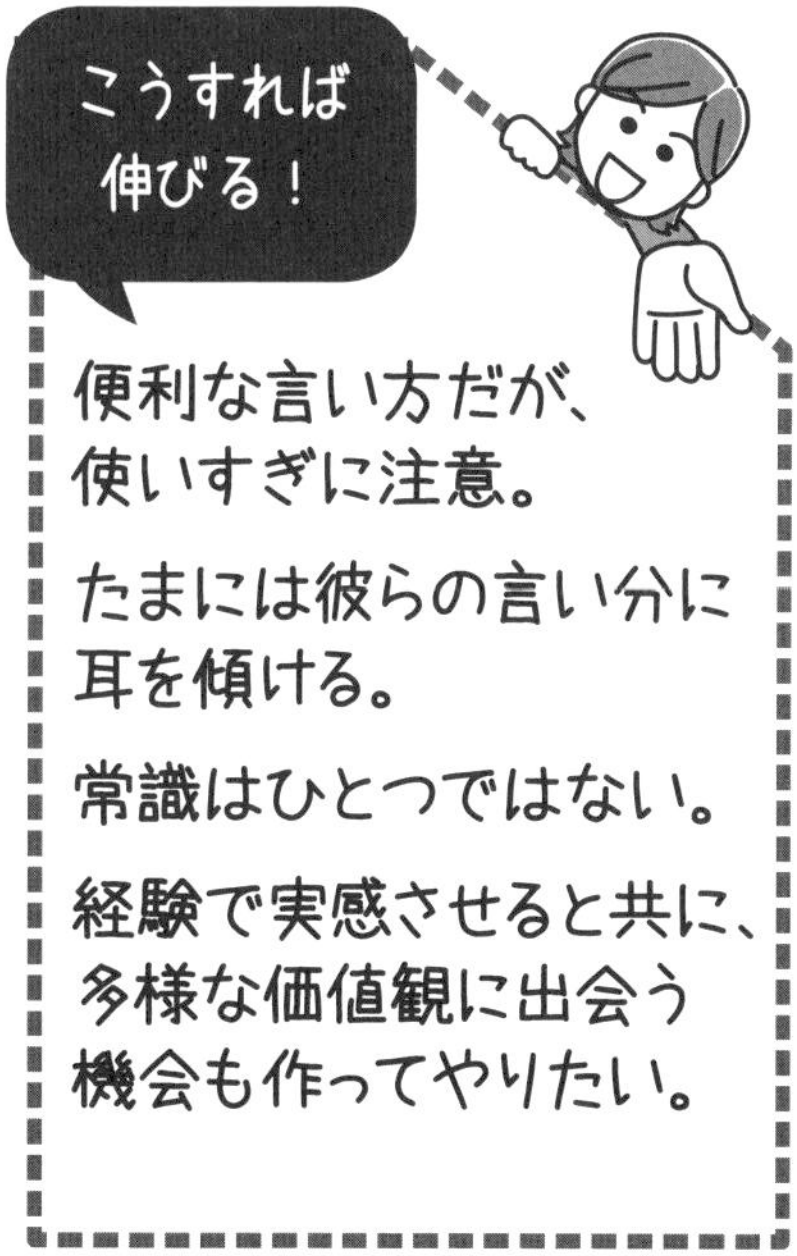

便利な言い方だが、
使いすぎに注意。
たまには彼らの言い分に
耳を傾ける。
常識はひとつではない。
経験で実感させると共に、
多様な価値観に出会う
機会も作ってやりたい。

WORD 4

早く○○しなさい！

こんなふうに
言っちゃうことも
あるよね

さっさと○○しなさい！
何をぐずぐずしているの！

とにかく何をするにもスローです。学校に遅刻しそうなのにダラダラとしたくして、ダラダラと出かけて行きます。もう少しテキパキさせるにはどうしたらいいのでしょうか？

言ってるほうがイライラする

子どもを育てている間に、何度「早く○○しなさい！」と言ったことでしょう。今になってみると、どうしてあんなに「早く、早く」をせかしたのかと不思議に思うくらいですが、当時はそれ以外の言葉や、はたらきかけを思いつかなかったのです。

　そして残念ながら「早く、早く」とせかしたところでわが子がテキパキしたわけではなく、せかしていた私の方がその言葉に焦らされ、さらにイライラしていたように思います。「どうしてこうやってガミガミ言われる前にしたくができないの！」といういら立ち。自分の仕事や家事のペース配分と、子どものペースには大きな開きがあり、その差はどうしても埋まりませんでした。

　でも、子どもたちっておとなとは全く違う時間を生きているのですよね。なぜそんなに私が「早く、早く」と言うのか、彼らには本当のところは伝わっていなかったのではないかと思います。毎日のように「早く、早く」と言われている子どもたちにしてみれば「また言ってるわ」「いつものことだね」と、言葉は右から左に素通り。そして私のイライラだけがどんどん積み重なっていたように思えます。

困らせればいい

その頃、夫に「お前の声の方がうるさい」とよく言われました。「本人が困れば改める。困るまでガミガミ言わずに待てばいい」と言う夫に「学校に遅刻させるわけにはいかないでしょ！」「試合に遅れたらチームのみんなに迷惑をかけるでしょ！」と反論する私。でも、それで困るのは実は子どもたちではなく「私」でした。だらしない親だと言われたくなかったのです。

その後、反抗期の息子とのバトルが始まり、私はそこであれこれ言うのに力尽きてしまいました。そして、何も言わなくなっても彼が遅刻することはありませんでした。ちゃんと自分で起きて、間に合うようにしたくして行くのです。悔しいけれど、夫の方が正しかったと認めざるをえませんでした。

自分のことを棚に上げて言いますが、10歳を過ぎたお子さんたちには、もうそろそろ自分のことは自分でさせてもいいのではないかと思います。もし間に合わなくても、困るのは彼ら、だからです。

こうすれば伸びる！

言えば言うほど
親の方が焦る言葉。

あれこれ言わなくても、
もう自分でできる年頃。

間に合わなくても
「困るのは自分」。

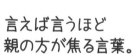

WORD 5

ゲームをやめなさい！

こんなふうに言っちゃうこともあるよね

またゲーム？
一日○分って約束したでしょう！
いつまでゲームやってるの！

学校から帰るとすぐにゲーム、休みの日も朝からずっとゲームです。このままひたすらゲームだけしておとなになっていくのかと思うとゾッとします。

抗いがたいゲームの魅力

私はゲームの魅力についてかなり好意的、肯定的に考えています。うちの子どもたちに対しても、何が何でもやめさせたいとは思わなかったし、ゲームから学ぶものもあるという考えです。

そう思うに至ったのは、私自身がゲームに夢中になった時期があったから。もう30年近くも前の「初代ファミコン」が発売されて間もない頃の話ですが、その面白さ、楽しさに、夫婦でスッポリはまり込んでしまった時期があったのです。

私は子どもたちを幼稚園に送り出した後、夫は子どもたちが寝入った後に、それはもう夢中になってコントローラーを操作しました。その当時のゲームですから、とても単純なパズルゲームだったのですが、互いに競い、最高レベルをクリアするまで、かなりの時間ゲームと共に過ごしたのです。

その時、すでに私たちはおとなでしたから、ゲームに夢中になって家事をほったらかしにすることも、会社に行かなくなることもありませんでした。でも、それが子どもたちにとって、すごく魅力的で危険な機械であることを身をもって実感していたのです。

その後息子や娘がゲームのコントローラーを操れるようになると、案の定、彼らそれぞれにゲームの魅力にとりつかれたようになっていきました。順番争いのケンカは日常茶飯事でしたし、セーブポイントまで行けずにゲームオーバーしたときのいら立ちから周囲にあたり散らすようなこともありました。

はてさて、この魅力たっぷりのゲームとの付き合い方をどう教えたらいいかと、夢中で遊ぶわが子を横目に頭が痛い日々が始まったのでした。

ゲーム脳はキレる脳？

外遊びもあまりせずに、遊びに来た友だちとの会話もなく、四角い機械をパチパチと操作するだけのコンピュータゲームは、本人が寝食を忘れるほど夢中になるのに対し、その周りにいる人には一体何をしているのかわかりません。目の前にいるわが子が何をしているのかわからないというのは、親にとってかなり不安なことです。

また、ゲームに夢中になる子どもたちを不安な思いで眺めるのは「ゲーム脳」になりはしないかとの懸念もあるからでしょう。ゲームに夢中になりすぎて自分の頭で考えることができなくなったり、現実とゲームの世界の境目がわからなくなったりして、暴力的になったり、反社会的になったりするのではないかという不安、ありますよね。

さらにゲームとの付き合い方が未熟であればあるほど、宿題や家庭学習、決められたお手伝いのような「すべきこと」が脇に追いやられてしまい、その時間がゲームにとって代わられるというのも、親としては歓迎できない理由のひとつになります。ゲームに限らず「すべきこと」と「したいこと」のバランスは、おとなになっても課題なのですが……。

ゲームと子どもの関係を語る時、子どもが親のわからない世界に夢中になり、そのおかげで「すべきこと」は後回しになり、結果的に犯罪にまで手を染めるようになる、という一連の流れで語られることが多いのですが、実際に因果関係があるかどうかはまだはっきりわかってはいません。漠然とした不安は、根拠のない思い込みである可能性が高いのです。

まず、子どもが親のわからない世界に夢中になって不安というなら、いっしょに楽しんでみてはいか

がでしょうか。攻略法を教え合ったりすれば、コミュニケーションが深まるに違いありません。ゲームが佳境なのに、家事や仕事のためにママがすっぱり切り上げる姿を見せることは、「いいかげんにやめなさい」と百回言い聞かせるより効果があります。

また、テレビゲームの脳に対する影響の有無、あるとすればその程度については、現在これといった研究成果は出ていません。若者が大きな事件を起こすたび、マスコミは「コンピュータゲームの影響があるのではないか？」といった取り上げ方をしますが、それを裏付けるデータは見当たらないのです。発売されて30年以上経過した今、通常楽しむくらいでは明らかに深刻で無視できない影響が出るわけではないことは確かです。

「するな」は効果なし

やるべきことをほったらかしにして、ゲームに夢中になるわが子を見ていると、つい「やめなさい！」と言ってしまいたくなる気持ちはとてもよくわかります。でも、「やめなさい」と言われてすぐにやめられるようなことに、子どもは夢中になったりしないのです。この言葉には力がありません。

前々から私が提案しているのですが、ゲームをやめさせるために効果的なのは、彼らに「ゲーム以外にしたいこと」が見つかることです。データ上でも、長時間ゲームをする子どもの割合は、年齢が上がるごとに確実に減っています。それは、「他にしたいこと」「しなくてはならないこと」が増えるからです。

放課後の塾通い、中学受験の準備、スポーツクラブへの所属、中学・高校の部活など、真剣に取り組まねばならないことがあればあるほど、ゲームをする時間は確実に減って行くのです。

「うちの子は塾ともスポーツとも無縁だから」とあきらめるには及びません。地域には子どもや青少年が参加できる文化活動はありませんか？　ミュージカル、ダンスクラブ、和太鼓、合唱などなど、探せばいくらでもみつかるはずです。わが子が何に興味を持ち、「ハマる」かわかりません。手間や時間を惜しまず、チャレンジする機会を作りましょう。

また、わが子があまりにもゲームにばかりとらわれていると感じたら、無理やりにでも外の世界、できれば自然の中に連れ出しましょう。もちろんゲームは家に置いて。たとえ日帰りのハイキングでも、一泊二日のキャンプでもいいのです。そこで出会った草花の美しさに、生の星空の迫力に、生き物の不思議さに、魅了されるかもしれません。途中で立ち寄った博物館で将来を決める出会いがあるかもわからないのです。家の中にいて、ただ口先だけで「ゲームをやめなさい」というのではなく、ゲーム以外の選択肢とどれだけ出会わせることができるかが、親の大事な仕事です。「うちでゲームしていたほうがよかった」と不機嫌な子も、帰りには心地よい疲れと共に「楽しかった！」と言うはずですよ。

こうすれば伸びる！

親子でいっしょにゲームで楽しんでみる。

ゲーム以外にしたいことが見つかるように仕向ける。

夢中になりすぎているなら、自然の中に連れ出す。

WORD 6

はっきりしゃべりなさい！

こんなふうに言っちゃうこともあるよね ▶ 何を言ってるかわからないよ！言ってる意味がわからない！

もう小学校も高学年になるというのに、学校であったことを話させても何を言っているかよくわかりません。はっきりわかりやすく話させるにはどうしたらいいですか？

一体何が言いたいの！

男の子の話って、本当にわかりにくいですよね？私も息子や息子の友だちと話をしていて、「もう少し整理して話してくれたらいいのに」「結局何が言いたいのかな？」とイライラしたことが数限りなくあります。めったに話をしない男の子が話しかけてくるわけですから、何か伝えたいことがあるはずなのです。でも、それがよくわからない。本人はちゃんと話しているつもりでいるのですが、聞き手であるママにはうまく伝わらないことはよくあります。

10年くらい前、息子が大学生の時の話です。彼らのチームの試合の後で、息子を含めたチームメイトたちとたまたまいっしょになったことがありました。

彼らの話題は今終えたばかりの試合の内容について。「ほら、お前があそこでガツンとやっただろ？その後に向こうのやつがドカンと来て、そんでベーーーッてなったじゃん？」「そうそう！ ベーっていうか、バーッてなったんだよな？」「それでさ、おれがブワーっと持って行ったら、お前がヒューンてきて」……。彼らの会話はこんな調子で延々と続きました。そして、互いにうなずきあったり、ゲラゲラ笑いあったり、大盛り上がりなのです。でも、私も同じ試合を見ていたはずなのに、なんのことやらさっぱりわかりませんでした。

彼らがほんの今しがた選手として出場した試合の話ですから、彼らには彼らだけがわかる流れだとか、ポイントだとかがあるのでしょう。そこに余計な説明は不要だとしても、女性同士ではあの会話は絶対にあり得ないなぁ、とあきれたものでした。

男の子は話すことが苦手

男性は女性に比べて話をすることが苦手です。これはさまざまなデータに裏付けられています。

生まれてから話を始めるまでの時間からして、平均すると男の子は女の子より約1か月も遅いのだそうです。その後も、幼児から高齢者に至るまで、言語能力は一貫して女性が有利な傾向があるとのこと。

言語能力の男女差を見るのに、言葉を操る時の脳の内部の様子を見ると、女性は脳の左右両側を使うのに対し、男性は片方に偏って使っていることが確認されています。それで、脳梗塞や脳出血などの疾

患によって、脳の一部の機能が失われた時、言葉を失うのは圧倒的に男性の方が多く、女性は一時的に言語能力を失ったとしても、リハビリによって再獲得する率も高いのだそうです。

発音についても、「ババババ」といった同じ音節の言葉の繰り返しは男の子のほうが早くはっきり発音できますが「バ・ダ・カ」といった異なる音節の言葉を流暢に発音するのは苦手です。

さらに、人とコミュニケーションする時には、言語能力だけではなく、相手が共感してくれているか、自分の言いたいことがちゃんと伝わっているか、などといった非言語のサインの読み取り能力も非常に重要な要素です。男の子はこの非言語サインの読み取りがとても苦手。相手が泣けば悲しいとわかりますし、笑えば楽しいとわかるのですが、泣かなくても悲しい時はあり、笑わなくても楽しい時もありますよね。これが男の子にはわかりにくいのです。非言語のサインを正しく読み取り、それにふさわしい反応を盛り込みながらキャッチボールできなければ、両者の間にコミュニケーションは成立しません。

要領を得ない男子の話に対して「ちゃんと説明して」「はっきり話して」と求めても、なかなか難しいことがわかって頂けるのではないでしょうか。

それでも話したくなる聞き方はある

そんな男の子たちでも、今日あったできごと、整理できない自分の気持ちなどについて、話したくなることはあります。彼らのそういう気分は突然やってきますから、「ちょっと待っててね」「後でね」という先延ばしは禁物。そんなことしたら彼ら自身が何を話したかったのか忘れてしまいます。「後で」は永遠にやって来ないのです。

また、私たち母親は、順序立てた話し方を望んでいるので、息子の要領を得ない話し方にはイライラしがちです。でも、その時に「もっとはっきり」「ちゃんと順序良く」などといった注文をつけないことです。そう言われるのは、男の子たちにとって大きなプレッシャーになり、「じゃ、いいや」と話をやめてしまうからです。

「じゃ、いいや」の後はどうなるかと言うと、彼らは次第に「ママに何を言っても無駄」と考えるようになり、さらに他にちゃんと話を聞いてくれる人を求めるようになります。それが彼らの成長を助けてくれる人だったらいいのですが、もしそれが悪意を秘めて近づいてきた人だとしたら……。ゾッとしますよね。

たとえ話の内容がわかりにくくても、回りくどくても、彼らが一通り話し終えるまでは相づちだけにして、先走って「それはこういうことなのね」「それであなたはこうしたというわけね」と、話の交通整理をするのはやめましょう。

人が話をする時には、純粋に相手に話の内容を伝えたい場合だけでなく、話しながら事柄と感情を整理している場合があります。思春期の子どもたちの話は、ほとんどが後者です。彼らは話し相手に交通整理をしてもらうことを期待しているのではなく、誰かに話すことによってもやもやしたものを整理しようとしているのです。こういう場合には、結論も、的確なアドバイスも余計なお世話。ただただ黙って耳を傾けてあげましょう。たとえ話の順序が前後しても、ひたすら聞いていればだんだんにつながりが見えてきます。

でも、一方的に受け止めるだけではなく、こちらから様子を聞き出したい時もありますよね。ちょっとやそっとで口を割る彼らではありませんが、男の子からいろいろ聞き出すには「何かをしながら」が効果的なのだそうです。とはいっても、あまり複雑な作業だと話をする余裕がありませんので、ちょっとした大工仕事とか、庭仕事など、単純作業が続くようなものを選びましょう。草取りやペンキ塗りなどといった作業が理想的。こういう作業をしている時には、彼らの心のガードがかなり甘くなっているので、ちょっと踏み込んだ質問にも割と素直に答えるはずです。

こうすれば伸びる！

男の子はもともと話をするのが苦手なもの。

あせらせず、聞き手に徹する。

単純作業をしながら聞き出すというテもある。

WORD 7

おとなの話に口をはさまないで！

こんなふうに
言っちゃうことも
あるよね

黙ってなさい！
子どもには関係ないの！

親戚や友人が遊びに来たり、夫と話しているところに、わかったような顔をして口をはさんできます。子どものクセにと思うとイラッとして、つい強い口調でたしなめてしまうのですが。

おとなの話が理解できるようになったから

男の子って、小さい頃からあんまり人の会話に興味を持たないものです。わが家でも娘は他のことをしているようで、ちゃんとおとなの会話を聞いていて、驚かされることがたびたびでした。でも、息子の方はちゃんと聞いてほしいことも、あまり耳に入れたくないようなことも、どちらも見事にスルーだったのです。

それが、ちょうど息子が小学校四年生の時、当時住んでいたアパートから引っ越すことになったあたりから、急に家族の一員としての発言が増えてきました。転居先こそおとなが相談して決めたものの、転居日について、引っ越し業者をどこにするか、荷造りの手順はどうするかなど、夫や母と三人で相談していると、そばにいる息子もいっぱしの意見を言うようになったのです。時には的外れなことも、突拍子もないことも言いましたが、、彼が一人前として扱ってほしい気持ち、何か家族の役に立ちたいと思う気持ちはひしひしと伝わりました。

そして、彼は実際の引っ越し作業でも、立派な戦力になるところを見せてくれました。それまで手がかかるばかりで、息子が頼りになるなどということがなかったので、これは本当にうれしい驚きでした。それ以降、家族が息子を見る目が変わったのは言うまでもありません。

男の子がおとなの話に口を出すようになったのは、それだけおとなの話が理解できるようになってきたということ。言葉を覚えたばかりの頃は、次々にいろいろな物の名前を口にし、記憶して行きましたよね？　今は「会話」という言葉のキャッチボールに興味を持ち始めたところなのです。最初は話の腰を折るようなことがあるでしょうが、それはまだ初心者だから。そのうちタイミングよく口をはさめるようになっていきますから、少し長い目で見てあげる必要があります。

会話力を磨いていく

私は生まれてから高校を卒業するまで大阪で過ごしましたので、土曜日の午後は吉本新喜劇と松竹新喜劇をテレビでハシゴ視聴するのがきまりでした。ご存知かもしれませんが、日常にお笑いがあふれている関西人の話には必ず「オチ」があります。ふだんの会話でも、「オチ」がないと「何それ？」と言われる世界。子どもたちも小さい頃から「前フリ」から「オチ」に至る話の持っていき方について、厳しく鍛えられて（？）育つのです。

息子がおとなの会話に口をはさむようになった当初は、会話に割り込んで「オチ」を先走って話してしまい、話の腰を折られることが数限りなくありました。わが家に集まった人たちに「お母さん！　○○が○○だったって話をしてよ！」と、その話の大事な「オチ」を先に言ってしまうわけです。

「鉄は熱いうちに打て」といいますが、この部分については関西方式で厳しく言い聞かせて、今ではかなり面白い話し方ができるおとなになりました。

幼い子どもがおとなの会話に入りたがるのはちょっと考えものですが、十代ともなればある程度はおとなとの会話もできます。親しい人の集まりなどでは、あまり目くじら立てて締め出すことはないと私は考えます。そうやって参加しているうちに、会話力がどんどん磨かれていくと思うからです。

もちろん子どもに参加させるには、話題や相手を選ぶ必要はあります。子どもに聞かせたくない話題はありますし、おとな同士の話に子どもが同席することを快く思わない人もいるでしょう。そんな時は「今からおとなだけの話をするからあなた（たち）は別の部屋に行っていて」と、その場から遠ざけることも必要です。また、あまりにも的外れな質問や発言が続くようなら、「後でゆっくり説明してあげるから、今は黙って聞いていて」と、一時的に発言を封じる必要もありますね。そうして少しずつおとなの会話にも参加させつつ、そのルールを伝えて行きましょう。数をこなしているうちに、会話力はどんどん育って行きます。

トラブルは隠しすぎない

家族や親せきの間のトラブルは、子どもの耳に入れたくないことのひとつだと思いますが、いっしょに暮していればこういうことは何となく伝わってしまうものです。隠そうとばかりしていると、逆に心の中でいたずらに不安ばかりが募るということもあるので、私は可能な限り打ち明けたほうがいいと思っています。

思い切って話してみると、「知ってたよ」「そうなんじゃないかと思って心配してた」という答えが返ってきてびっくり。そんなことを何度か経験し、隠すより、内容を選びつつある程度話した方が子どもを安心させることができると知ったからです。

子どものウソはすぐにバレる、と書きましたが（8ページ）、おとなの隠し事だって、意外に子どもに伝わってしまうものなのですね。

また、おとなたちの話を耳にして不安になった子どもから「○○おばちゃんちが大変なの？」などという質問が出てくることがあるかもしれません。その時も「子どもが口出しすることではありません！」とシャットアウトするのは良し悪しです。彼らが興味本位ではなく、不安や心配からその質問をしているのなら、「そうなのよ。大変みたいだけれど、おとなたちが相談して力になろうしているんだよ」くらいの事は話してもいいのでは？

そんなことしたら、子どもの口から「家の恥」が外に知られてしまう、という心配もあるかもしれません。でも、子どもたち、特に男の子って意外に口が堅いものです。大事な秘密は絶対に自分から人に話したりしないという、とても義理がたいところもあるのです。「これは家の中の事だから家族以外の人には話さないでね」と、「おとな同士のヒミツ」であることを強調しておけばいいのです。

おとなの話に口をはさんでくる息子を、うるさいなぁ、面倒だなぁと思っているうち、あっと言う間に彼らが無口になる時期がやってきます。彼らの口から出てくるのは「べつに」「うざい」「だるい」だけになって、「ちょっとは会話に参加しなさいよ！」と言いたくなるかも。それまでに、できるだけ息子との会話を楽しみ、会話力を磨いておきましょう。

こうすれば伸びる！

口をはさむのはおとなの話に興味が出てきた証拠。

少しずつおとなの会話に参加させる。

隠し事は極力やめて、ある程度は打ち明ける。

WORD 8

どうして叱られるようなことするの！

こんなふうに言っちゃうこともあるよね ▶ 叱られるのわかってたでしょう？　どうしてわざわざ叱られることするの！

毎日のようにふざけて先生に叱られています。家でもそうなので、私も叱ります。もう小さい子どもじゃないのに、どうしてこうなんでしょう。

確かめたい衝動

男の子たちを見ていて思うのは、彼らが「確かめたい生き物」なんだなあということです。常に「こうしたらどうなるかな？」と考えながら生きている、探究心に満ち溢れていると言ったら表現がよすぎますか？　幼い頃から「ここから飛び降りたらどうなるかな？」「このおもちゃを落としたらどうなるかな？」「コップを倒したらどうなるかな？」……。彼らはそれを頭の中で疑問に思うだけにとどめず、可能な限り自分で確かめて育ってきました。

それに対して女の子たちは「予測する生き物」なので、「飛び降りたらケガするにきまってる」「落としたら壊れるにきまってる」「倒したらこぼれるにきまってる」という予測を元に行動します。失敗は少ないけれど、新しい発見も少ないのです。そうやって生きていたママたちに、息子の習性が理解できないのは当たり前でしょう。

とにかく彼らは、予測通りの結末がやってくるかどうか、また「どうケガするか」「どう壊れるか」「どうこぼれるか」を確かめたい衝動が抑えきれず、突き動かされているということになります。

これに「観客」がいると、さらにその衝動はエスカレート。友だちの手前後には引けないし、それで「ウケる」なら叱られることなど気にならないのが、彼らのもう一つの習性です。

表裏がなく、打たれ強い

「叱られるのがわかってるでしょう！」と叱られる子は、実は表裏のない子です。陰で悪さをしたり、周囲のおとなの様子をうかがって行動を変えたりしないのは、こういうタイプの子の大いなる長所。叱られてもへこまないのは、学習能力の欠如かもしれないけれど、打たれ強さがある証拠でもあります。実はこういう子って、どこに行ってもみんなにかわいがられる、「叱ってもらえる幸せ」を持っている子でもあるのです。

ただ、そうやってふざけて叱られてばかりいる裏側に、誰かにかまってほしい気持ち、さみしい気持ちが隠れていることがあります。ふざけてでも注目を集めようとしていると感じたら、叱り飛ばす代わりに、「あなたが大好きだよ」というメッセージを送り、安心させてあげましょう。

こうすれば伸びる！

男の子はわかっていても確かめたい。

叱られるのは表裏のない子で周囲にかわいがられる。

かまってほしい様子なら叱る代わりに「大好き！」のメッセージを！

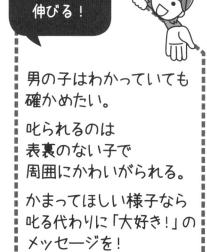

WORD 9

早く寝なさい！

こんなふうに言っちゃうこともあるよね

さっさと寝なさい！
早く寝ないとまた起きられないよ！
いいかげんに寝たらどうなの！

どうやら夜更かしをしているらしく、朝自分で起きられなくなっています。夜中に部屋に電気がついているのを見つけたら、早く寝るように言うのですが。

ゲームもマンガも睡眠時間を削って

小学校低学年の頃は、学校から帰ったらオヤツを食べてひとしきり遊び、夜は食事と宿題を済ませたら、比較的早い時間にコトリと寝てしまうことも多かった子どもたち。しかし、小学校高学年に入ると、一日のスケジュールが過密になってきます。

学校では委員会活動やクラブ活動が始まり、実質的な下校時間は低学年の頃より数時間遅くなることも。下校したらしたで、習い事や塾通いが待っている子もいます。中には塾が終わって家に帰るのが夜8時、9時などという子どもたちもいるのです。

その時間から夕食を食べ、宿題を済ませ、お風呂に入って寝るとなると、どうしても寝る時間は遅くなってしまいます。その上ちょっとでもゲームをしたい、マンガを読みたいとなったら、睡眠時間を削るしかなくなってしまうのです。

学研総合教育研究所の調査では、小学一年生男子の半数が夜9時半までに就寝し、7割が10時までに布団に入っています。しかし、それが6年生になると、逆に7割が10時以降。11時以降という子も2割

以上になります。
起床時刻は学年を問わず平均して朝6時半前後なので、学年が進むごとに睡眠時間が減っているということです。しかも、ここには布団に入ってから、親の目を盗んで起きている時間は含まれません。
別の調査では、睡眠不足と答えた子が、小学校低学年では16％、高学年25％、中学生46％、高校生54％と、だんだん増えていくこともわかっています。

眠ることはとても大切

日本では、成長につれて子どもたちの睡眠時間が極端に減っていく現状ですが、男の子に限らず、子どもたちにとって睡眠はとても大切であることがわかってきています。

人間にはおよそ一日の周期で変化するさまざまな生理的な現象があり、これは体の中にもともと組み込まれている時計によってコントロールされています。寝る・起きるというのも生理現象のひとつで、およそ一日の周期で繰り返されます。ただ、生体時計は24時間より30分程度長い周期を持つので、放っておくと少しずつずれてくるのです。

生活リズムを刻む時計は両目の奥にある視床下部の一部にありますが、朝、ここに強い光を浴びることによって、時計はリセットされ、その30分のズレが修正されるのだそうです。

朝の光には、リズムの調整だけでなく、セロトニンという神経伝達物質の分泌も促します。セロトニンは、脳の発育を促し、感情をコントロールするのに大きな役割を持っていて、不足すると精神的に不安定になり、攻撃性が増すこともわかっています。セロトニンの分泌は、昼間の光を浴びながらしっかり運動することによって増加します。

そして夜になると眠気をもたらしてくれるのはメラトニンというホルモンのはたらきです。メラトニンは朝目覚めてから14～16時間後に暗くなると分泌されるのですが、この分泌量は昼間しっかりと光を浴びることによって増加し、逆に夜になっても明るい所にいると、激減してリズム調整がうまくいかなくなるのだそうです。

夜寝入って最初の深い眠りの時にたっぷり分泌されるのが成長ホルモン。午後10時から夜中の2時くらいに熟睡していると分泌がさらに促進されるとか。この時間帯にぐっすり眠っているかどうかが成長に少なからぬ影響を及ぼします。

少し前のものですが、'03年に広島県教育委員会が行った調査では、睡眠時間が5時間以下の子に比べ、9時間以上10時間未満の子は、国語と算数のテスト結果が平均20点くらい高かったというデータもあります。

このように、睡眠は体や頭を休めるというはたらき以外に、子どもの成長や発達に欠かせない大変重要な役割を持つことがわかってきました。

子どもに睡眠の大切さを話す

寝ない子に頭ごなしに「寝なさい」と言っても、効果はまったくありませんし、早く寝なかった子を朝だけ早く起こそうとするのも無理があります。

10歳を過ぎれば、なぜ睡眠が大切なのかを話して聞かせた方が、睡眠時間確保には効果的。特に男の子は「○○すれば、○○になる」といった、システム的な話に興味を示し、よく理解します。

この前段に書いた睡眠によってもたらされる、さまざまなよいことについて、彼らにじっくり話す機会を作りましょう。書店には子どもの睡眠の重要性について書かれた本がたくさんあります。お子さんに理解できそうなものを見つけて、いっしょに読むのもおすすめです。睡眠の大切さを、根拠を明確にして理解させましょう。

また、生活全般を少しずつ朝型にシフトしていくのもおすすめの方法です。その場合は子どもだけにシフトチェンジを求めるのは不公平ですから、親もいっしょに朝型に。ふだんより30分早起きするだけで、かなりいろいろなことができます。朝6時に起床すれば、登校まで約2時間ありますから、宿題や家庭学習をこの時間帯に組み込んでしまいましょう。そうすれば下校後の時間配分に余裕が出て、それが結果的に早寝につながるはずです。

そうは言っても一気に1時間の早起きは負担が大きすぎます。10分、15分という短い時間の早起きを促して、それに慣れたらまた10分、というふうに徐々に早めていきましょう。朝、起きてすぐは体も頭の中も半分寝ている状態ですから、玄関まで新聞を取りに行ったついでに軽く散歩する、ストレッチ運動をするなど、体のほうから起こして行くことが気持ちよい目ざめにつなげるコツです。糖分と胃腸の動きが全身の目ざめを促すので、起きぬけにジュースなどを飲ませて胃袋から起こしてしまうのも効果的。その際、朝の強い光をしっかり浴びることも意識しましょう。

家族みんなで朝型にシフトすることにより、深夜帰宅で平日は顔を合わすことがなかったパパとのコミュニケーションも確保できます。この際、パパも残業型から早朝出勤型に切り替えができるといいですね。早朝出勤は通勤ラッシュとも無縁。意外に快適でやめられなくなるかもしれませんよ。

睡眠の効用を
理解させる。

少しずつ早起きを。

朝の光はしっかり浴び、
夜は暗い所に。

家族みんなで
朝型にシフトする。

WORD 10

まだ寝てるのっ！

こんなふうに言っちゃうこともあるよね ▶ いつまで寝てるの！ そろそろ起きなさい！

休みの日は昼過ぎまで寝ています。平日も、学校から帰ってすぐに寝てしまうことも。その割に夜中まで起きていることもあるようなのです。

年齢が上がることに減る睡眠時間

日本学校保健会が'14～'15年にかけて実施した調査では、小学校低・中学年の平均睡眠時間は9時間超。高学年が8時間43分、中学生7時間25分、高校生6時間48分と、どんどん短くなっていくことがわかりました。

また、文部科学省が'14年に実施した調査では、30分以上の昼寝の習慣について、小学生は「よくある」3.8%、「ときどきある」が17%で、合わせても2割程度。ところが中学生になると、「よくある」が10%、「ときどきある」が28%、高校生は、「よくある」12.5%、「ときどきある」が32%と、大きな開きが出ています。

成長期の子どもたちには、一日8時間程度の睡眠を確保する必要があると言われています。でも、私の経験からいっても、小学校高学年以降、一日8時間の睡眠を確保するのはなかなか難しい現状があるようです。

十代には中学受験、高校受験と、睡眠時間を削っても学習に取り組まねばならない場合があります。

また、中学入学直後は通学や部活など、体力的な負担が大きい時期でもあります。

起きていられるだけの体力がついてくる

それにもかかわらず、第二次性徴が進むにつれて、思春期の子どもたちは生理的な眠気に襲われるという説があります。体が急激に変化する時期に入り、それに心がついていかないのかもしれませんね。中高生の約半数が、睡眠不足を感じているのには、その影響もあるのでしょう。

うちの息子は中学一年の初めの頃、部活を終えて家に帰ってきて、玄関を入ったところでバタリと倒れるように寝込んでしまうことがたびたびありました。そこで寝た分夜中まで起きていることになり、悪循環ではあったのですが、ぐっすり寝ている様子を見ると無理やり起こすのもためらわれました。

ところが、夏休みが近づく頃には体が中学の生活リズムに慣れたのか、玄関で寝ることはなくなりました。それだけ体力がついてきたということもあったのでしょう。生活が大きく変化する時期には、夜寝て朝起きるという基本は大切にしつつ、一時的な乱れには目をつぶるしかない時期もあるようです。

こうすれば伸びる!

学年が進むにつれて、睡眠時間は少なくなる。

思春期は強い眠気に襲われる時期でもある。

基本は大切にしつつ、一時的な乱れには目をつぶる。

WORD 11

ほかに大事なことがあるでしょう！

こんなふうに言っちゃうこともあるよね

今そんなことやってる場合じゃないでしょう！
そんなことやってていいと思ってるの！

テストも間近だというのに、ヒマがあればゲームばかりしています。それを見ていると、目の前にある大事なことから逃げているようでイライラするのです。

もっとほかにしてほしいことがある

子どもがのんびりと、意味のない、くだらないことに夢中になっているのを見ると、イライラが止まらなくなってしまうことがあります。これは、ほかにもっとしてほしいことがある時です。それもほとんどの場合、やってほしいことは「勉強」です。

明日は塾でテストがあるのに、今度の定期テストで内申点が決まるのに、親としてこんなに自分は心配しているのに……。それがわが子に伝わらないもどかしさ、という感じでしょうか。

でも、十代の男の子たちはこういう場合、本人もちゃんとその大切さを自覚しています。勉強しなくちゃと思ってはいるのに、どうしても気持ちがそちらに向かず、楽な方に流れて行ってしまうのです。

チラチラと学習机の上の問題集を見ながら、ついゲーム機に手が伸びてしまったり、ずっと前に買ったマンガを読み返したり……。テスト前になると必ず掃除を始める、という子もいました。

いったんやる気になると、ものすごい底力を発揮するのが男の子たちなのですが、実際にやる気になるまでには、こんなふうに時間がかかることがしばしば。エンジンのアイドリング状態とでも言えばいいでしょうか。やるべき事が見えていながら手をつけられないでいる彼らに「これを言えばその気になる」という魔法の言葉はありません。何を言っても、余計に意固地にさせてしまうのが関の山なのです。

きっかけ作りの方法を考える

こんな時に親ができることは、「きっかけ作り」。おやつや簡単なお手伝いをダシにして、思い切ってゲームやマンガから物理的な距離を置くように仕向けるのです。遠回りなやり方だと感じるかもしれませんが、こういう単純作業はいい気分転換になりますし、勉強にシフトチェンジしやすくなります。一通り終わったら、「テスト前なのにごめんね。ありがとう」と感謝のひと言を。それで十分です。

もし、「勉強しなくちゃいけないんだよ！」と拒否されたら、「そうなの。それは残念だわ」とあっさり引き下がりましょう。お手伝いを拒否し、その理由に「勉強」を挙げたなら、もう引っ込みはつきません。机に向かうしかなくなるからです。

こうすれば伸びる！

何を言っても
意固地にするだけ。

おやつか単純作業で
強制的に気分転換を。

勉強があるから
手伝えない、と
拒否されたら
あっさり引き下がる。

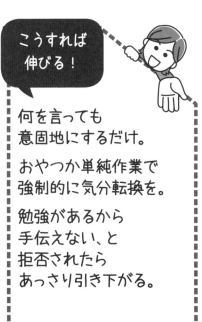

WORD 12

またスマホやってるの！

こんなふうに言っちゃうこともあるよね ▶ いいかげんにスマホしまって！ スマホを置いて勉強しなさい！

家ではスマホを片時も離しません。食事の時はテーブルには置かないようにさせていますが、それ以外の時間はずっとスマホと一緒です。これって普通なんでしょうか？

一瞬たりとも手放せない

十代の男の子たちにスマホを与えたが最後、一瞬たりとも手放さなくなります。

朝起きてから寝るまでの間、ゲームをするか、動画を見るのに画面に釘付け。食事をしている間も、チラチラと画面に目をやり、ラインやSNSの通知が来たら、急に落ち着かなくなって、ソワソワ。

その様子を見て、「いいかげんにしなさい！」と言いたくなる気持ち、とてもよくわかります。

内閣府が実施した「平成28年度青少年のインターネット利用環境実態調査」によると、小学生（10歳以上）の約1／4、中学生の約半数、高校生では95％がスマホを所有しているとの結果が出ています。

そして一日のうちインターネットに触れている時間（携帯ゲーム機やタブレットなどでアクセスする時間も含む）の平均は、10歳で70分、13歳で１２８分、16、17歳では２００分を超えています。驚かされるのは、中学生の1割、高校生の2割が5時間を超えて利用しているということ。

子どもの十代は、急激にスマホの所有やインターネットとの接触が進む10年でもあるようです。

そして、実のところ、ママがガミガミ言ったところで、効果はほとんど期待できません。

そもそも、保護者の方も、平均して一日2時間以上、インターネットにアクセスしているというデータもあります。強く言える立場でもないわけです。

買い与えたらまずフィルタリング

スマホの向こう側は、世界中のあらゆる場所とつながり、子どもたちに見せたくないもの、害を与えると思われるものがあふれています。

実は、知らない方も多いようですが、保護者には子どもたちに安全に、安心してインターネットを利用させる義務があると、法律に定められているのです。逆に言えば、法律にしなくてはいけないくらい、被害が多く、危険性が高いということにもなります。

「いいかげんにしなさい！」とイライラしているヒマがあったら、できるだけ積極的な安全策を講じていきましょう。

対策として一番に考えられるのは、暴力的なものやわいせつなもの、残酷なものなど、有害な情報へのアクセスを制限する「フィルタリング」。

どの端末、通信業者でも、このフィルタリング機能は利用できるはずなので、特に初めてスマホや携帯を持たせた時には、ぜひ設定してください。

また、スマホに関するルールは、必ず親子で相談して決めておきましょう。

一般的には人といる時には音を消しておくのがマナーですが、家の中では別。小さな音でいいので、家族にも着信や通知があったことがわかるようにしておきましょう。ＬＩＮＥ、メール、その他のお知らせで音を変えて、親子で共通にわかるようにしておくのもいいですね。そうすれば、お子さんの利用状況の見当がつきます。交友に大きな変化があった時にもすぐにわかるでしょう。

また、食事中は電源を落とす、寝室には持ち込まないなどは、子どもだけでなく、家族みんなが守るべきルールに。おとなだってガマンはすべきです。

ただ、このルール、親は定めているつもりなのに、子どもの方は「そんなものはない」と思っている場合が少なくないのです。内閣府の調査でも、保護者の80％が「ルールあり」と回答しているのに、子どもの方は65%。15%の開きがあります。

そこで、特に男の子たちには、ルールを「見える化」しておくことがとても有効です。よく相談してルールを決めたら、それを大きな紙に書いて、目立つ場所に貼っておきましょう。

メディアリテラシーをきちんと教える

ただ、これらの対策も、子どもたちの「自由に使いたい」という欲求の前に、すぐに役に立たなくなることも確かです。

フィルタリングを解除するなんてお手のもの。自室にはスマホを持ち込んではいけないと決めておいても、しまい込んである親の古い携帯を掘り出してきたり、リサイクルショップで安いスマホやタブレットを買って、家の無線LANにつなぎ、こっそり使うことだってあります。特に男の子たちは、こういう裏ワザ的な悪知恵を探すのが大好きなのです。

だからこそ、機器やネットの正しい使い方を教えることがとても大切になってきます。インターネットの世界を上手に操ることができたら、学習にも、心の成長にも、将来の仕事にも大いに役立つ、魔法

のアイテムにもなりうるのです。

ネットにある情報には、質のいいものと悪いものがあること。ウソの情報もたくさんあること。一人でも多くの人に見てもらうために、さまざまな見えない仕掛けが施され、それが裏で商品やサービスの販売につながっていることなど、子どもたちだけでなく、私たちおとなも心しておかねばならないポイントがたくさんあります。

悪質なものでは、詐欺もあれば、アダルトサイトから恐喝まがいに金銭を要求されることも。また、少年が、性的な餌食にされてしまうこともあります。

さらに、うかうかしている間に、子どもたちはあっという間に受信側から発信側に回ってしまいます。

特に男の子たちは、間違った情報を拡散するだけでなく、ウケ狙いで、法律に違反するようなことも、ノリと勢いでやってしまう生き物。

子どもにスマホを与えている、もしくは与えるつもりがあるのなら、親子で定期的に「トラブルのトレンド」を学ぶ機会を持ちましょう。

特におとなの目から見えにくい、SNSを使ったいじめへの対処法は、親子で事前にしっかり学んでおくことを強くおすすめします。

各種セミナーは全国各地で開催されていますし、教材は、それこそネットで検索すれば山ほど出てきます。個人が作っているものより、できるだけ公的な機関、しっかりした企業が発信しているものを選ぶようにするといいでしょう。

※スマホやネットに接触する時間そのものをコントロールするには、22ページで紹介しているゲームとのつきあい方も参考にしてください。

こうすれば伸びる！

一度与えたら、ハマるのが男の子。

最初にルール作りをして、見える所に貼っておく。

できたらスマホを与える前に、親子でメディアリテラシーを学ぼう。

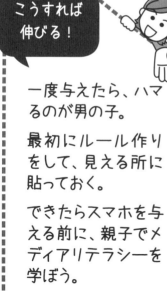

WORD 13

まだ食べるの？

こんなふうに
言っちゃうことも
あるよね

また食べるの？
そろそろ食べるのやめたら？
太るよ！

学校から帰ったら寝るまで
ずっと何か食べています。
虫歯も肥満も心配です。
どうしたら食べるのを
やめさせられるでしょうか？

一日中食べている男の子たち

十代から二十代にかけて、男の子って本当によく食べます。個人差はあるものの、朝から晩まで、一日中食べていると言っても言い過ぎではないくらいですよね。

これは思春期に大量に分泌される男性ホルモン、アンドロゲンのしわざ。このアンドロゲンは食欲を増進させる力もあるのだそうです。まるでカバのように食べ物を胃袋に放り込んでいく時期が来ると、体つきも段々おとなの男性らしくなってくるのはそのためです。

うちの息子は大学入学と同時に家を出ましたが、そのおかげで、毎月のお米の消費量が20キロ以上減りました。あ、でも息子が一人で月に20キロのお米を食べていたわけではありません。わが家は息子の高校から徒歩3分の位置にあり、部活終わりの同級生が毎日入れ替わり立ち替わり遊びにやってはご飯を食べて帰っていたからです。

おなかをペコペコに空かせて帰宅する息子だけに夕飯を食べさせ、他の子を待たせておくわけにもいきません。だからといって毎回大量に食べる男の子たちに気前よく夕飯を振舞っていたのでは、家計がパンクしてしまいます。そこで、私と母で一計を案じ、彼らのためにご飯を一升分炊いて、おむすびか混ぜご飯を作っておくことにしました。ご飯だけならそんなに費用はかかりませんし、ある程度おなかは落ち着くからです。

時には思いがけずたくさんの子たちがやってきて、あわててもう一升炊き足すようなこともありましたが、元気な男の子たちが集ってにぎやかに過ごしてくれるのは、お米20キロには代えられない楽しいひとときでした。私が仕事で留守しているときも、母は喜んで彼らの分のご飯を炊いてくれました。

でも、そうやってわが家のおむすびを食べつくした息子の友だちは、家に帰ったらまたママの愛情がこもった夕飯をきっちり完食。うちの息子も「夜食」と称して、数時間後にはまた、なにやかやと食べていたわけなのですが……。

空腹だととんでもなく不機嫌

私と母が息子の帰宅に合わせてせっせとご飯を用意したのには、空腹で帰宅する息子にすぐにご飯を食べさせてやりたいという愛情の他に、もうひとつ理由がありました。

それは、当時の息子はおなかがすいているととてつもなく不機嫌だったからです。帰宅した時に食事が用意されていないと、イライラと周囲にあたり散らし、オヤツを入れてある戸棚から手当たり次第にスナックやらおせんべいやらを取りだして一気に食べてしまいます。「もう少し待って」と止めようものなら、ますます不機嫌に。そういう時は「さわらぬ神にたたりなし」と決め込んで、好きなようにさせておきました。

私はそんなに食に対するこだわりがあるわけではないのですが、子どもたちが小さい頃はなるべくカップ麺やインスタントラーメンを食べさせないようには心がけていました。でも、この時期にはもうそんなことは言っていられません。カップ麺・インスタントラーメン・お餅・食パン・ホットケーキミックスにさつまいも……、とにかく息子が自分で簡単に用意できて、おなかが満たされるようなものをあれこれ用意しておいたものでした。

よく噛んで食べることはとても大事

確かにこんな調子で食べていると肥満が心配になりますが、うちの子と友人たちに限って言えば、そういう心配は皆無でした。彼らが摂取した大量のカロリーは、部活を中心とした毎日の運動で残さず消費されていたようなのです。

ただ、空腹のあまり食べ物をよく噛まずに丸ごと飲み込むのはあまりよいこととは言えません。咀嚼《そしゃく》とは、食べ物を口の中で噛みくだくことですが、今の日本人の食事は60年前に比べてわずか4割しか咀嚼していないのだそうです。理想はひと口あたり30回または30秒以上噛むというのだそうですが、ファストフードはひと口平均7〜8回しか噛んでいないとの事。それだけやわらかく、食べやすい食品なのですね。

噛んで食べることの効用はたくさんありますが、その中でも「唾液の分泌」「脳の活性化」「栄養の吸収補助」などは、思春期の息子たちにとって非常に大切なはたらきです。

よく噛めばその分だけ唾液が分泌され、唾液に含まれる活性酸素を消失させる効果、虫歯予防効果、消化補助効果などが得られます。さらに唾液は脳の栄養になる物質を海馬（記憶をつかさどる脳の部位）に運ぶという働きも持っているのだそうです。咀嚼そのものに栄養の吸収を助ける効果もあるため、よく噛むことによって、胃腸への負担を軽減しつつ、必要な栄養素を効率よく体に取り込めます。

　また「脳の活性化には手先を動かすといい」とよく言われますが、咀嚼運動には手先の運動よりさらに脳の広い部位を活性化する効果があることもわかっています。記憶力・学習能力の向上につながるといいますから、ツルツルとのどごしのよいものばかりを食べさせるのはできるだけ避けたいものです。カップ麺やインスタント食品というと添加物が心配になりますが、最近は厳しい基準も設けられていて、それよりはよく噛まないことのほうが問題だという意見もあるくらいです。

　みなさんの中には共働きなどで食事の準備に十分に時間をかけられないという人もいるでしょう。私の友人も共働きで、夕食の時刻が毎日不規則だったので、休みの日にご飯をたくさん炊いておむすびにし、一つずつラップでくるんで冷凍庫に入れておくようにしたそうです。また、お好み焼きやパスタなどは必ず余分に作ってこれも冷凍庫に。その代わり、スナック菓子・カップ麺などは一切家に置かないようにしたのだとか。

　最初はそれをただ「チン」して食べていた彼女の一人息子でしたが、冷凍おむすびを使ってチャーハンや雑炊などを作るようになり、それをきっかけにしてどんどん料理の腕を上げたそうです。今では大学生になった彼が夕飯作りを担当することも珍しくないのだとか。なんだかうらやましい話ですよね。

こうすれば伸びる！

男性ホルモンが食欲を増進。

食べ過ぎても運動していれば肥満の心配なし。

咀嚼回数が少ないのは問題。よく噛まないと食べられないものを用意しよう。

WORD 14

汚い部屋だね〜！

こんなふうに言っちゃうこともあるよね ▶ きったなぁい！ だらしない！ なんとかしなさい！ 自分で片付けなさいよ！

息子の部屋がゴミ屋敷のようです。足の踏み場はなく、ゴミと教科書と着るものとゲームとマンガがごっちゃになって散乱しています。どうやったらきれいに片付くのでしょうか？

大学生でも状況は同じ

わが家には息子と娘がおりますが、家にいた頃の彼らの部屋は、お世辞にもきれいだとは言えませんでした。

特に高校時代の息子の部屋の乱雑さはちょっとケタはずれ。彼の部屋は和室で、隅に学習机を置き、真ん中に布団を敷いて寝ていたのですが、布団の周りにはさまざまなものがうず高く積まれていく一方でした。マンガ、CD、衣類、ゲーム類、教科書とノート、部活の道具などなど。ただどうやら自分ではおおよその置き場所がわかっているらしく、そんな状態でもあまり不自由は感じていない様子でした。

片付けるように言ってもまったくダメで、だからといって勝手に部屋に入ることもためらわれ、結局そのまま。シーツや布団カバーなどは定期的に清潔な物を渡して自分で交換させましたが、彼の部屋がきちんと片付くようなことはありませんでした。

その彼が大学に進学し、寮生活を始めることになったのです。寮の部屋は相部屋で、息子に割り当てられたのは4年生の先輩との二人部屋。私は彼に「今までのようなわけにはいかないのよ。同室の先輩がいるんだから、迷惑かけないように、きちんと整理整頓してね」と繰り返し、口を酸っぱくして言いました。そのたびに「はいはい、わかった、わかった」と気のない返事をする息子。内心「わかってないだろうなぁ」と思っているうちに、いよいよ入寮の日がやってきました。

夫と二人、わずかばかりの荷物を寮の個室に運び入れるのに、案内された部屋の中を見て愕然。二人部屋の床一杯に、どこかで見た光景、着るものと本とゲームと食べ物がごっちゃになって散乱しているあの光景が広がっていたのです。

同室の先輩は、その日に息子が入寮するとは知らなかった様子。一人部屋として自由に使っていたところに、急に私たちが到着したものですから、あわててどこからか大きな板を持ってきて、それで散乱するものたちをザザーっと自分のエリアに寄せ集めてくれました。私はそれを見て、あきれるやらホッとするやら……。

もちろん、男の子の部屋がすべてこんなふうに汚いわけではありません。きちんと整理整頓され、すっ

きりした部屋で生活している男の子もたくさん知っています。個人差もあるでしょうし、もちろん、親のしつけの問題でもあります。

ママの手で掃除するのはおしまいに

ただ、部屋がきれいに保たれているのは、本人の努力ではなく、ママが定期的に入って整理整頓、掃除をしているからだとしたら、それはもうやめにしませんか？　部屋が汚いということを理由に、息子のプライベートスペースに立ち入ってもいい時代はそろそろおしまいです。

どうしても息子の汚い部屋に我慢ならない！　というなら、いっしょに片付けましょう。低学年仕様の部屋でそのまま過ごしていると、片付けにくくなるということがあります。高学年になって増えたもの、いらなくなったものがあるはずですから、不要なものは思い切って処分して、増えたものは置き場所を定め、十代の男の子向けに模様替えしましょう。

「明日はいっしょに掃除しよう！」と決めたら、前日までに「ママに見られたら嫌だなぁと思うものがあったらここに入れておいてね」と段ボール箱をひとつ渡しておきます。ここは絶対に見てはいけません。邪魔にならない所に置いておきましょう。

よく収納のプロが紹介している方法ですが、手始めは部屋の中にある物を「捨てる」「とっておく」「ちょっと考える」と三つに分類します。本人に任せると、必要な物が「捨てる」に、どう見てもいらないものが「とっておく」に入れられるかもしれませんが、よほどのことがない限り口出しはしないようにしましょう。この場合「捨てる」は自治体の分別基準に従いゴミ袋を用意しておくといいかもしれません。いらないものを処分するだけでも、かなりのスペースが確保できますし、彼らに分別のルールを一気にマスターさせることもできます。

最終的には、「とっておく」「ちょっと考える」に分類したものと、部屋のスペース、棚や引き出しなどを見比べて、収納方法を考えさせます。男の子たちは基本的に分類整理が得意なので、ここまでくれば、彼らなりに整理する方法を考えるはず。収納スペースのサイズを測って、いっしょにホームセンターや百均に行き、予算を決めて、収納グッズを選ばせるのもいいかもしれませんね。収納しきれないものは「捨てる」に分類するか、箱に入れてしまいこめばいいでしょう。

根本的な解決は「本当に困ったら」

元教師の親野智可等氏は、整理整頓が大の苦手だったそうです。教員になっても、自分の机はいろいろなもので雑然としていたのだと言います。そんな状態で6年生の担任となり、卒業式を控えたある日、校長先生が心をこめて書いてくれたお祝いの言葉が、行方不明になってしまいました。大切なものだからと大事にしまい込んだのですが、どこを探しても見つかりません。とうとう校長先生に正直に打ち明け、「もう一度書いてください」とお願いをするハメに。最初は「二度と書けない」とお怒りだった校長先生も、最後はしぶしぶ書き直して下さったそうですが、子どもたちにも校長先生にも申し訳なく、それから一念発起して整理整頓に努めたのだとか。

氏は、それができたのは「このままではいけない」という見通しが付けられるおとなだったからこそだと言います。子どもは瞬間に生きているがゆえに、見通しが立てられないし、だからこそ何度言っても直らない。でも、将来本当に困る時が来たら、必ず自分で修正するようになる、というのです。「おとなになってからの方が、人間は成長できる」という氏の言葉は、大いなる説得力を持って響きます。

何を隠そう、そんなひどい状態だったうちの息子も、大学卒業後一人暮らしを始めたら、それなりにきれいな部屋で過ごしていました。きっと彼も大事なものが見つからずに真っ青になるような失敗を何度か経験したのでしょう。本人は何も言いませんから、その経緯については私には知るすべがありませんが、きっとそうだと思っています。

こうすれば伸びる！

ママが勝手に片付けるのはやめよう。

低学年向けから高学年仕様の部屋に。

将来本当に困れば本人が改める。

WORD 15

パパみたいになれないよ！

こんなふうに言っちゃうこともあるよね ▶

パパみたいにならないで！
パパを見習いなさい！
パパにだけは似ないでね！

夫は努力家。資格を取るための勉強、体力づくりのジム通いなど、ゴロゴロしているところを見たことがありません。息子にはパパみたいになってほしいと思うのに、正反対でゴロゴロしてばかりなんです。

父と息子の関係は「ビミョウ」

二世代、三世代が同居するのが当たり前だった時代とは違い、今は核家族が中心です。そうなると、息子にとって身近なおとなの男性が父親だけ、という家庭も少なくありません。彼らにとって父親が唯一のお手本となり、その父親といい関係を築くことができるかどうかが、その後の人生を左右するといっても過言ではないのです。

でも、ママたちは、その重要性に気付かないことが多いようです。どうしてかと言うと、母親と娘はお互いに伝達能力も、共感能力も高いので、特に意識しないでもわかり合えるから（その分こじれると、手が付けられなくなってしまうということもあるのですが……）。

ママは自分の経験から判断して、パパと息子は放っておいてもいい関係になるはず、と思い込んでしまいがち。互いに何を言おうが、何をしようが、父と息子は男同士、うまくいくに違いないと考えてしまうのです。

しかし、実は父親と息子の関係はとてもデリケート。その父親を引き合いに出して、しつけに利用しようというのは、実はかなり危険なことなのです。

夫が尊敬に値する人物であることは、妻にとってはとても幸せなことであり、ひいては子どもたちにもいいことのはず。それ自体は間違いないのですが、その父親を理想として掲げられた時、すくすく成長する場合もあれば、父親の存在が重たいプレッシャーとなって成長を阻害する場合もあります。

それに、ことさら「パパみたいになれ」と言わなくても、日常目にする父親の姿に対して自然と敬意がわき上がり、周囲の父親に対する評価を身をもって感じれば、すべては無理でも、そのあり方を見習おうとはします。しかし「パパみたいになりなさい！」と強制されたとたん、父親は理想でも目標でもなく、反発の対象に変わってしまうのです。

息子と父親とは別の人間

私は十代で父親との関係がうまく築けず、プレッシャーに文字通り押しつぶされてしまった男の子を何人か知っています。そのうちの二人は、父親と同じ進路以外に進むことを許されなかった子です。

私はたまたま彼らの心の声を聞く機会を得ました。Sくんは「僕は昆虫が大好きです。子どもの頃からずっと大好きなんです。だから、生物を研究する道に進みたいのに、母は許してくれません。父と同じ医学の道に進むのでなければ、学費は出さないと言われてしまいました」。Mくんは「僕は将来ジャーナリストになりたいのです。そのための勉強もしてきましたが、ここにきて母が父と同じ弁護士になれと言い出しました。東大か、それに準じる大学の法学部でなければ、学費をドブに捨てるようなものでとても父に出してくれとは言えないって言うんです」。

結局彼らは「偉大な父」の影と闘うことも、反発することもできずに、心に葛藤を抱えたまま言われた通りの進路を選択しました。Sくんは3回の浪人を経て医学部に、Mくんはある大学を卒業した後、さらに受験勉強をして、東大には届かなかったものの別の有名大学に入り直しました。

そして二人共、心の病を抱えました。

改めて言うまでもなく、親が医師として、弁護士として成功したからといって、息子が同じ道に進めば同等の成功が約束されているわけではありません。

彼らの親ごさんは、同じ道に進んでくれれば、的確なアドバイスもできるし、自分たちがそこに至るまでにしたと同じ苦労を味わわせないですむ、もっとラクに今の自分のポジションにまで導いてやることができる、とお考えだったのでしょう。でも、実際はそうはなりませんでした。お父さんと彼らとは、別の人間だったからです。

子どもの進学や職業の選択まで自分の人生のパーツのひとつとしてとらえ、自分の子ならこうでなければいけないとこだわるのはなぜなのでしょう？　両親が自分たちの人生に満足しているのなら、息子の進路についてアドバイスはしても、強制はしないのではないかと思うのです。その裏にあるのは、両親が自分の人生に対して抱いているコンプレックスではないのでしょうか？

逆に母親から父親の存在を否定されて育った時にも、息子は別の意味で大きな葛藤を抱えることになります。どんな人物であれ、自分のルーツである父親、目標とすべき人物を軽蔑しながら生きて行くのは決して容易なことではないからです。カウンセラーの金盛浦子さんは「自分の中の半分を否定しているということ」と言っています。私もその通りだと思います。これはかなり辛いことです。

モデルは多いほうがいい

最初に書いたように、核家族の家庭で、「父親」という限定した目標を掲げられ、強制されると息が詰まるのは当たり前。否定されるときも同様です。男の子には、「パパを見習え」「パパを見習うな」という前に、父親以外にたくさんのおとなの男性としてのモデルを見せてあげることが大切。教師でも、塾の先生でも、親戚のおじさんでも、野球のコーチでも、そのモデルは誰でもかまいません。そしてそれがいいモデルである必要もありません。

例に挙げた二人のように、親子だから同じ道に適性があるとは限りません。彼ら自分の本当に進みたい道を見つけるためにも、そこに進んでいくためにも、モデルは多いほどいいのです。彼らはいいところを見習い、時には反面教師としながら、自分自身の目標を描きだし、進むべき道を照らしてもらうこともできるに違いありません。また、人は誰も完璧ではいられないことも、実感できるでしょう。

どんなパパにも、長所があれば欠点もあるはずです。たくさんのおとなの男性との出会いを通じて、父親に対する批判的な視点は持ちつつ、長所に対しては素直に尊敬できる、そんな関係が築けたらいいなぁと思います。

また、もしわが子にパパを見習ってほしいなら、ママがふだんから尊敬している様子を見せるだけで十分。見習わせたくないところは、ママの不機嫌な様子を見ていれば伝わります。

パパの存在を、全面的に肯定したり、否定したりする発言はできるだけ控えませんか？

こうすれば伸びる！

父と息子はとってもビミョウ。

できるだけたくさんのおとなの男性に出会わせる。

父親を全面的に肯定したり、否定したりするのは避ける。

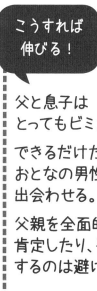

WORD 16

パパに言いつけるよ！

こんなふうに言っちゃうこともあるよね ▶ パパに聞いてもらいます！パパが聞いたらどう言うかしら！

夫は今単身赴任中。反抗期に入り、体も大きくなった息子に直接あれこれ言うと後が大変なので、つい、いない父親を引き合いに出して叱ってしまいます。

父なるものの存在は不可欠

繰り返しになりますが、十代の男の子ほど父親の存在が大事な時期はありません。一番身近な同性として、また人生の先輩として、言葉ではなく、存在に学ぶことが非常に多い時期だからです。

そのモデルとしての父が多忙であったり、単身赴任だったり、シングルマザーとして子育てしていたりして、物理的に身近にいないこともあるでしょう。でも、父親の存在感というのは、会っている時間や密度ではなく、大事な場面で寄り添っていてくれるかどうかです。また、その役割は実の父親に限らず、学校や塾の先生、スポーツチームのコーチ、親戚のおじさんなど「父なるもの」に代わりを果たしてもらうこともできます。いっしょに子どもの成長を見守るのは、夫などパートナーに限らず、周囲のおとなの男性たちによる「チーム」だっていいのです。

この本でも何度も書いていますが、私は十代の男の子の周りにどれだけおとなの男性のお手本（いい意味でも悪い意味でも）を用意してやれるかが、親の大事な仕事のひとつだと考えています。さまざまなおとなの男性を身近に感じ、その長所と欠点をつぶさに見ることができれば、自分なりの理想のおとなの男性像を描きだすことができるからです。

父親に悪い情報だけを伝えない

男の子にとって、あこがれにも、目標にも、反面教師にもなりうる父（以下「父なるもの」も含む）に、自分の悪い情報だけが伝わるのはとてもつらいことです。伝えられる側の父親だって、息子の悪いところばかり聞かされるのではたまらないでしょう。

体の大きくなった息子に対し、反発が怖くて自分では叱れないからと、パパに嫌な役を押し付けても、それはあまりいい効果を生みません。父と息子の間には互いに通じ合うものがあり、その共感が息子の育ちを支えます。息子の悪いことばかり父親に伝えるのは、その大事な関係にヒビを入れることにつながってしまうのです。

父親には悪いことだけではなく、いいことも、きちんと伝えるようにしませんか？　パパから「お母さんに聞いたぞ。○○だったんだって？　すごいな」と言われるのはとてもうれしいもの。そこにさらなる信頼が生まれるに違いありません。

こうすれば伸びる！

父の存在が大切になる時期に、信頼関係を壊す悪い情報ばかりを伝えない。

いいことも意識して伝えることで、さらなる信頼関係を。

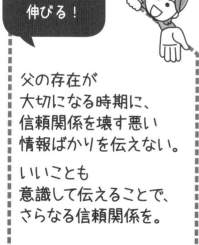

WORD 17

先生の言うことを聞きなさい！

こんなふうに
言っちゃうことも
あるよね

先生の言う通りにしなさい！
おとなの言うことを聞いていれば
いいのよ！

最近学校から帰ってくると先生の愚痴ばかり聞かされます。担任とはうまくやってほしいのですが、逆らってばかり……。先生の言うことを聞きなさい！　と怒鳴ってしまいました。

おとなに頼らないギャングエイジ

男の子はもともと単純にできているので、小学校低学年のうちに先生との関係がこじれるようなことはあまりありません。でも、それが10歳を過ぎるとちょっと様子が変わってくるのです。

「ギャングエイジ」という言葉を聞いたことがあるでしょうか？　小学校の中学年から高学年にかけて、子どもたちの中に急速に仲間意識が芽生え、小さな集団を作るようになる時期です。この小集団は、低学年の時の「お友だち」とは少し趣が異なり、自分たちで考え、行動する基盤のような役割を持ちます。この集団はおとなに干渉されるのを好まず、手助けも必要としない、独立した性質を持つのが特徴なのだそうです。

もちろんまだ小学生ですから、完全におとなから独立などできるわけはありません。こういう集団を作り、そこに属することによって、「先生の言うことを聞く」「おとなに従う」という子どもらしさから少しずつ抜け出し、自立の準備を始めるわけです。

この時期の子どもたちは、身近なおとなに対する批判的な視点も持つようになります。その代表が教師と親。不満があっても反論はせず、しぶしぶでも従うしかなかった時期を過ぎ、おとなの失敗や欠点をことさらに指摘するような場面も出てくるのです。

そのような年頃の元気な子どもたちが徒党を組んで、学校をわが物顔で顔で闊歩する、その様子が「ギャング」に似ているというわけですね。その様子は周りのおとなからは「反抗的」「生意気」というふうに見えてしまうものです。

教師に反感を持つことに対する不安

子どもたち自身も、今まで尊敬し、全面的に信頼していたおとなの存在に疑問や反感を持つことに平静ではいられません。反抗しながらも自分は悪い子なのではないか、という不安がつきまとうのです。

そんな中、教師の愚痴をママに話すというのは、まだママの事は信頼している証拠。「こんなふうに考えている僕は間違っていないよね？」と確認したい気持ちもあるのでしょう。それなのに、返ってくる返事が「先生の言うことを聞きなさい！」「何を生意気なこと言ってるの！」では、気持ちのやり場

がなくなってしまいます。「やっぱりママも、子どもの気持ちがわからないおとなの一人なんだ」「何を相談しても無駄なんだ」と思わせてしまうのです。

彼らが「先生だから」「親だから」というだけの理由でおとなを尊敬したり、従ったりする時期はそろそろおしまい。ママたちも、それを踏まえた対応をしなくてはならない時期にきています。

親に教師の愚痴を言うようになったら、それは彼らが確実に成長している証拠。「よかったよかった」と心の中でその成長を喜びながら、彼らの言い分に耳を傾けてあげませんか？　もちろん、納得できる言い分ではないかもしれないけれど、そこを指摘、修正するのではなく、ここは「尊敬しなくてはいけない先生に対して疑問を持っている自分」に揺れている気持ちを支えてあげたいところです。

先生は絶対ではない

小学校の現役教師の友人たちに聞いてみても、入学当初を除けば、3～4年生から5年生の前半くらいまでが、クラスが落ち着かない時期だといいます。たった一人の息子に振り回されているのに、ギャングエイジの子どもを一度に数十人も相手にするのです。そりゃ教師だってかなりくたびれます。いつも笑顔で完璧に学級を運営する、などというのは、到底無理な注文だと理解してあげてほしいところ。

でも、子どもたちにはそこが我慢ならないのです。今まである意味完璧な存在、尊敬できる存在であった教師が、特定の子をひいきしているように感じられたり、手を抜いているように感じられたり、昨日と今日で言うことが違っているなど、欠点ばかりが目につくようになってきます。

ただ、これもすべての教師に対して起きるわけではありません。うちの息子の5～6年の担任は、四十代の女性の先生でしたが、その弱さを隠さず子どもの前にさらけ出し、自然体で接するのがとても上手でした。権威を振りかざすのではなく、「先生はうっかりしているから、間違えたら教えてね」「先生はもう年だからくたびれたわ。助けてくれる？」と言って、クラスを「おっちょこちょいの先生を助けよう！」「先生を守ろう」というふうに団結させたのです。先生のキャラクターもあったのでしょうが、とても明るく仲のよいクラスになりました。

残念なことですが、悪意があったり、人間的に問題があったりする教師だってゼロではありません。

　子どもの話を聞いて、教師が明らかにおかしいと感じたら、ちょっと周りのママたちにもリサーチしてみましょう。もし、「実は私もおかしいと思っていた」「うちの子もとても悩んでいる」などという話があったとしても、いきなり「みんなで保護者会の席で吊るし上げよう！」なんてやり方はサイアク。ぜひ一対一で直接話をする機会を作りましょう。教師も複数の保護者から一気にいろいろ言われたのでは、自分の言い分を伝えることもできなくなってしまいます。何よりそれは話し合いではありませんよね？　まずは一対一で、こちらの言い分も伝えつつ、教師側からの話もじっくり聞いてみましょう。

　子どもからの話では納得できなかったことも、教師と直接話をすることによって、腑に落ちる場合もあります。それでも納得できなければ、複数の保護者で、教頭や校長の立会いのもと、話し合いの機会を設けるようにしましょう。この場合もできるだけ人数はイーブンにすることをおすすめします。

　前述の息子のクラスはとても雰囲気のいい、子ども同士も仲のいいクラスでしたが、それでも担任とうまくいかない子はいました。これはもう、相性としか言いようがありません。

　教師との関係がうまくいかない時に、一番苦しいのは子どもです。どんなに嫌でも、学校に行けば毎日顔を合わせなくてはならないのです。相性が悪いなりにやっていれば、数年で顔を合わせることもなくなる相手ですし、子どもがもう少しおとなになれば、教師の欠点も許せるようになります。でもそれが待てない様子なら、学校を休ませる、転校する、などということも視野に入れ、対策を考えましょう。


こうすれば伸びる！

周りのおとなのあり方に疑問を持つ時期。

まずは気持ちを受け止める。

教師に疑問があったらまずは一対一で話す機会を。

WORD 18

なんでそんなにヘタクソなの？

こんなふうに言っちゃうこともあるよね

よく人前で歌えるね〜！
何を描いてあるかわかんないよ！
運動神経ないんじゃない？

主要４教科は得意なのに、それ以外がからきしだめです。歌も絵もヘタクソ、運動も苦手です。こんなことでは内申点も上がらず、将来が心配になってしまいます。

男女で好きな教科が違う

'16年に学研総合教育研究所が行った調査では、小学生男子の好きな教科は「算数」（33％）と「体育」（22％）。逆に嫌いな教科は「国語」（26％）とやはり算数（13％）となっています。

女子を見てみると、好きな教科は「国語」（22％）、「算数」（18％）、「音楽」（12％）。嫌いな教科は「算数」（33％）、「国語」（13％）でした。

男女ともに好きな教科、嫌いな教科に算数や国語が入っていますが、男女差は一目瞭然。

また、'10年に実施された「第4回四幼児の生活アンケート」（ベネッセ）にある幼児の習いごと調査によると、男子は上位にスイミングがあり、ほかに体操やサッカーなど体を動かすものが目立つのに対し、女子は音遊び・リズム遊び、楽器が目立ちます。

教科の好き嫌いや、習いごと選びの傾向に、性別そのものが影響しているのか、それとも周りの意向や環境によるものか、はっきり言い切れる段階にはありません。

でも、男子は算数や体育が好きで国語が苦手、女子は国語や音楽が好き、という以前からの傾向は、今も受け継がれているようです。

中学に入ると気になる内申点

すべての教科がまんべんなく好きという子はかなり少数派ですが、実技教科に偏って苦手意識があると困るのが中学に入ってからの成績です。高校受験時の内申点と学力テストの成績の比率は、7：3、6：4などいろいろ。中学のどの段階からの成績を内申点として集計するかも、地域や学校によって異なります。ただ、実技教科を全く無視できないことには変わりがありません。

以前中学生の学習に関わる仕事をしていたことがありましたが、特に男の子の保護者の中で悩みのタネになっているのが、実技系の教科の内申点が思うように伸びないということでした。中学時代は男の子の反抗期真っただ中ですので、それがそのまま授業態度にも反映されてしまい、教科担任の印象がかなり悪くなってしまうことと、男子は提出物を真面目に出さないというのがその原因。音楽では照れくささもあって歌唱や演奏に真面目に取り組まず、体育では実技が得意でもペーパーテストが苦手だったり、ふざけて実技点が下がったりするために内申点に反映されにくいのです。

その対策を親と教師に聞いたところ、「授業態度に気をつける（ふざけない、照れない、寝ない）」「どんどん教師に質問に行く」「作品についてアドバイスをもらって修正する」などがありました。実技教科では、授業態度に気をつけるだけで、かなり評価が変わってくるのは確かなようです。また、芸術科目で教科担任に質問に行ったり、アドバイスを求めたりするのは、熱心さをアピールすることになり、結果的に「教科に対する興味・関心」という評価項目に反映されることになります。実技そのものが苦手でどうしようもない場合にも、ペーパーテストと授業態度である程度は挽回も可能なのです。

こういうやり方がその教科学習の本来の目的とは違うのは確かですが、実際に高校受験が目前に迫ると、背に腹は代えられなくなってしまいます。

うちの息子は中学時代に美術の成績が伸び悩み、どうしても目標点に届かなかったことがありました。その頃、自分の落款（作品に押すハンコ）を手作りするという課題があり、彼はなんとかここで起死回生を図りたいと、珍しくていねいに取り組んでいたのです。それは私から見てもなかなかの出来栄えだったのですが、本人は満足できない様子。作品を手にして散々悩んだ末に、思い切って「先生、改善点があったら教えてください」と直接アドバイスをもらいに行ったのだとか。それに対して喜んでご指導くださったことは言うまでもありません。

おかげで成績はアップしましたが、それよりこの経験を通じて美術の教科担任との信頼関係を築くことができ、それまでの苦手意識が取り除かれたことが一番の収穫でした。その後は美術のどんな課題にも前向きに取り組めるようになったのです。

芸術の持つ意味

ここまでは学校の成績を中心に話を進めてきましたが、ここからは「芸術」「運動」など実技教科の本来の目的について、少し考えてみたいと思います。

私は自分が中学生の頃、転校した先でひどいいじめに遭ったことがありました。この時に、一枚の絵に心を救われた経験があるのです。自分がなぜここ

までクラスメートに追い詰められるのか、まったくその理由が理解できないままに、ただ義務感だけで学校に通う日々。そんな時に展覧会で見たのがモジリアニの「黒いネクタイの女」という絵でした。

小さい頃からわが家にあった画集でこの絵のことは知っていましたし、大好きではあったのですが、実物を目の前にした時、どういうわけだか涙が止まらなくなって、そこに立ちつくしてしまったのです。

私一人がこの世からいなくなっても誰も困らない、生きている意味が見出せない、と自暴自棄になっていた私に、この絵は確かに「生きていてもいいよ」と語りかけてくれました。誰の言葉も心に響かなかった時、この一枚の絵によって、私は確かに生きる力をもらったのです。

同様に、一体の彫刻の前で雷に打たれたようになることがあります。一つの曲によって力をもらい、頑張れることもあります。芸術というものが持つ本来の意味は、そうしたことではないでしょうか。

また、体を動かすことの心地よさも、運動神経の良し悪しとはまったく関係がありません。私は決して運動が得意な子どもではありませんでしたが、母親になってからバレーボールに出会い、その楽しさに目覚めました。一時はヒザを痛めるくらい夢中で練習したこともあったくらいです。

学校の教科として存在する以上、成績、評価を無視することはできません。でもそれとは別に、芸術にも、運動にも、味わいや楽しみ、魅力があるはずです。学校でそれを伝えたい、体験させたいというのが教科として取り上げられた原点だとは思いますが、残念ながら今は十分果たせてはいません。

せめて家庭では、うまい下手ではなく、本来の楽しみ、魅力を知る機会を作ってやりたいものです。

こうすれば伸びる！

男子は芸術教科が苦手。

中学の内申点は「授業態度」「質問」「アドバイス」で伸びる！

芸術や運動本来の魅力に気付く機会は家庭で作ろう。

WORD 19

勉強しなさい！

こんなふうに言っちゃうこともあるよね ▶ 宿題やったの！
まだ勉強してないの！
いつになったら勉強するのっ！

学校から帰ったら、おやつを食べて、ゲームして、テレビ見て……。勉強しようというそぶりがまったく見えません。一日に何回も「勉強しなさいっ！」と怒鳴ってしまいます。

具体的に、少しだけ、からはじめる

ママたちが毎日のように「勉強しなさい」と言うのは、子どもの将来を考えてのことでしょう。たとえ本人がサッカーや野球などのスポーツ選手とか、音楽や美術関係のアーティストになりたいと思っていて、小さい頃からそのためにたゆまぬ努力を続けていたとしても、将来それを職業にできる人はごくわずかです。そしていつかどこかで、その道を究めることをあきらめざるを得なくなった時、基本的な学力があるかどうかで将来の進路選択は大きく異なります。たとえ夢破れたとしても、その時点である程度の学力があれば、次に選べる進路の幅が広がるからです。

また、今は具体的な将来の夢を思い描けなくても、この先「この職業に就きたい！」というものが見つかった時、学力が十分でないためにあきらめなくてはならない、という事態が避けられます。よく「つぶしがきく」という言い方をしますよね。

ただ、そんなふうに将来を心配するママから「勉強しなさい」と言われて素直に勉強する男の子は一人もいません。まさに親の心子知らず。

しかも、教師をやっている友人に聞くと、ふだんから家庭学習の習慣が身についている子や、ごくごくまれにいる「勉強大好き！」という子を除き、彼らはまず「勉強」というのが何をすることなのか、ちゃんとイメージできていないというのです。

もしお子さんがそういうタイプなら、漠然と「勉強しなさい」と言わずに、学習時間には具体的に何をするかを事前に決めておくといいと教えてくれました。そうでないとしぶしぶ机に向かったとしても、何をするのかを決めるまでに無駄に時間がかかってしまい、実際に学習に取り組む時間はごくわずか、ということになってしまうからです。

具体的な課題と言っても、最初から問題集をたんまり買い込んだりしてハードルを上げると負担感が大きくて失敗します。たとえば「国語の教科書を2ページだけ読んで聞かせて」とか「今日習った漢字を一回ずつ書いてみて」「計算問題を教科書から三つだけやって見せて」など、ほんの数分でできることにするのが肝心。子どもが「それなら簡単！」と思えるくらいの量が適量なのだといいます。「その

くらいじゃ勉強とは言えない」と思うかもしれませんが、そんなわずかな量でも、それまで家庭学習の習慣がなかった子が取り組み始めると、成果は確実に表れるのだそうです。

あまり家で話さない男の子でも、うれしかったことなら割と話してくれるもの。「今日の漢字テスト、昨日家でやった字が出たよ！　ラッキーだった」とか「家で本読みしたところを質問されて、答えられた！」などという報告があったら、大げさなくらいにほめてあげましょう。「よかったね〜！　やった甲斐があったね」「やればできるもんね！」と。タイミングよくプラスの声かけをすると、十代男子たちは「もう少しやってみようかな？」と簡単に調子に乗ってくれます。彼らのすごいところは、一旦やる気スイッチが入ると、何も言われなくてもどんどんやるようになるところです。そうなるようにちょっとした手助けをすれば「勉強しなさい」「宿題やったの！」と毎日声を荒らげる必要もなくなります。

学習時間は固定し、やったらほめる

さらに家庭学習を定着させるには、一日のスケジュールの中に、学習する時間帯を組み込んでしまうのが長続きのコツだそうです。最初は30分くらいから始めて、その時刻が来たら、とにかく机に向かう。宿題は優先して済ませて、さらに時間が余ったら「本読み」「漢字練習」「計算問題」など、事前に決めておいた課題に取り組みます。何時に何をするかは、親が一方的に押し付けるのではなく、「ねえ、いつだったら勉強できるかな？」「どの勉強にする？」と相談しながら決めること。子どもが自分で決めた、と心から思うことが大切です。

クイズ芸人として知られるロザンの宇治原史規氏は、問題集を買ったらいつまでに終わらせるか期日を決め、総ページ数を日数で割って、必ずその日までに終わらせたそうです。調子がいい時も、よくない時も、気分でページ数を増減させず、一定に保ったとのこと。このエピソードには男の子に自主的に勉強させるための大いなるヒントが隠れています。

そのキーワードは「達成感」。人がやる気になる要素の一つはなんらかの「ごほうび」であり、私たちがまず思いつく「オヤツ」「プレゼント」などよりも、「達成感」が最大のごほうびになるそうです。宇治原氏の例では、1日にノルマのページ数を片づけることで小さな達成感、そして期日が来たら問題集をすべてやりきったという大きな達成感が待っています。このやり方が定着すれば「しなくてはいけない」といやいや取り組むのではなく「くたびれているけど頑張ったら気持ちいいからやろう！」と自分の気持ちに励まされて取り組むようになるわけです。

　そしてもうひとつ、達成感にはかなわなくても、ごほうびとして効果があるのは人からのほめ言葉。ママからも「今日もちゃんとやったんだ。えらいねぇ」「疲れているのに頑張ったねえ」といったプラスの言葉がけを意識しましょう。

　元教師の親野智可等氏は、「子どもたちは勉強すると叱られるんです」とおっしゃっていました。子どもたちはせっかく頑張って勉強した後で必ず「この漢字が違うじゃない！」「またここ間違えてるわよ！」「これだけしかやってないの！」と指摘され、その上「すぐにやり直しなさい！」とさらなる勉強を強制されるというのです。これでは「もっと頑張ろう」という気持ちには絶対になりませんよね。

　息子や息子の友人たちの成長を実際に目の前で見て実感したのは、男の子たちが高校受験や大学受験ではっきりと自分の目標を思い定めると、持ち前の体力を元に、想像を超えた集中力を発揮するということです。十代前半はそれまでの助走期間くらいに考えて、あまり欲張らずに見守りませんか？

　わが家では、子どもたちに「勉強しなさい」と極力言わずに育ててきました。特に「小学生のうちは遊ぶことが仕事」と考えて、遊び優先にさせていたのです。それでも「ここぞ」という時には驚くほどの集中力で学習に取り組み、二人とも望みをかなえました。焦る必要はないと思いますよ。

こうすれば伸びる！

「勉強しなさい」ではなく、具体的な課題を。

一日の中に勉強時間を組み込み、固定する。

達成感とほめ言葉をモチベーションに。

WORD 20

またそんな点？

こんなふうに言っちゃうこともあるよね ▶ またそんな点取ったの？ 前より（点数が）下がってるじゃない！

最近塾のテストの点数が急降下。今まで取ったことのないような点を取って帰ってきます。それを見ると、つい「またこんな点？」と言ってしまうのです。

ママのひとことで気持ちが折れる

小学校高学年から中学校にかけて、学校でも塾でも、学習内容は難しくなる一方です。低学年のうちは持ち帰るテストがほとんど満点に近かったという子も、高学年になると次第にそういうわけにもいかなくなってきます。学習する内容が、授業で聞いただけで理解し、定着するような内容ではなくなってくるからです。

その一方で、それまであまり勉強に興味がなかった子、家庭学習など見向きもしなかった子が、ちょっとしたきっかけでやる気になる時期でもあります。塾に通い始め、先取り学習で実際の学年で学習する内容を早々に終わらせてしまう子が増えてくるということもありますね。

そうなると、元々成績がよかった子の相対的な順位はどんどん下がっていってしまいます。特に何もしなくても勉強が得意だった子が、家でちゃんと予習、復習をしている子や、塾に通い始めた子に追い越されるという試練がやってくるのです。

彼らはここで急に劣等感にさいなまれることにな

ります。それは、初めて経験する劣等感です。全体のレベルが上がっているのだから、しょうがないといえばしょうがないのですが、プライドの高い男の子たちにはけっこうダメージがあります。

それなら「じゃあ頑張って家で勉強するぞ！」と思い直せばいいものを、本人がそういうふうに考えを変えることはまずありません。悩みながらも「どうせ僕なんかダメなんだ」とふてくされたり、「もういいや」とあきらめたりするのが関の山なのです。

こんなふうに本人だって結構悩んでいる時に、ママに「またそんな点？」「前より下がってるじゃない！」なんて無神経に言われたら、ただでさえ劣等感の真っただ中にいる彼ら、大切なプライドが粉々に砕けてしまいます。

その時に「うるさいなあ」「どうでもいいでしょ！」なんて反論するようならまだ安心。黙って部屋に閉じこもったり、照れ笑いを浮かべてやりすごしたりするようになったらかなり心配です。その時の彼らは完全なあきらめムード。なんとかやる気を取り戻させないと、気持ちが追いつかなくなってしまいます。

中にはさらに追い打ちをかけるように、ママ仲間から聞いてきた最新情報をひけらかし、「隣の○○ちゃんは百点だったらしいよ！」「○○くんは塾でトップだってさ、すごいね！　あんたも頑張りなさいよ！」なんて、息子にハッパをかけようとするママも。わが子を励ましているつもりなのでしょうが、これでよい効果はまず期待できません。

友人たちとの比較など、言われるまでもなく日常的に彼らが心の中でやっていること。それをわざわざあげつらって、悪い意味で比較するような言い方はやる気を根っこから奪ってしまいます。

ほめて伸ばす。とことん付き合う

小学校高学年から中学生にかけては、基礎的な学力を定着させる最後のチャンス。また、おとなからの「ほめほめ大作戦」が使える最後のチャンスでもあります。

もともと勉強していて、点数が下がってきた子の場合には、望まない結果に落ち込む息子に「残念だったね」と、まずねぎらいを。それからおいしいおやつでも用意して、「癒しタイム」を設けます。そこ

で本人から「もう少し頑張ればよかったよ」「勉強が足りなかったなぁ」などというセリフがから出てくれば大丈夫、あとは自分で考えるでしょう。

本人が求めてくれば、いっしょにテストを見直すのもいいですね。ママの役目はそのテストの中でよかった所を見つけてほめること。「この字はていねいに書けたね」「へえ、この難しい問題がわかったんだ。すごいじゃない！」というふうに。足りないところを指摘するのは簡単ですが、それでは子どもの気持ちがどんどん委縮してしまいます。「いいところ」をきちんと伝えることにより、それが自信となって心の中に蓄積されていくのです。そして「次もここは間違えないようにしよう」という気持ちも芽生えてくるはずです。

「早生《わせ》」か「晩生《おくて》」か

中学受験を目指して進学塾に入れている場合には、テストの点数に一喜一憂することもあるでしょう。

受験のプロとして知られる松永暢史氏は、その著書の中で十代の男の子には「早生」と「晩生」があると書いています。そして「大手の有名進学塾でやっていけるのは、早生型の子どもです。おとなびた考え方ができるので、多少無理がかかったとしても、塾の方針に合わせて大量の宿題を我慢してやりこなせるはず」というのです。一方「晩生型の子どもは嫌だと思ったら我慢がききません…中略…私立中学の受験も晩生の子どもにはお勧めしません」と続けています。

もし中学を受験させようと塾に入れた子どもの成績が伸び悩んだり、下がる一方などというときには、思い切って塾通いそのものをやめさせる勇気も必要だと私は考えます。松永氏も晩生の子には最低限の学力を確保するだけにして、後は思いきり遊ばせることを勧めています。本格的に受験勉強するのは、本人がその必要性を理解できる高校受験からで十分間に合うというのです。

松永氏の著書では塾のストレスで幼児がえりをしてしまった男の子を紹介していますが、私も心を病んだ男の子を知っています。周囲のママの話や塾の宣伝を見て焦りを感じた親に、いきなり中学受験対策の塾に入れられ、大量の宿題や毎週のように行われる実力テストに追われているうちに、彼は精神的に不安定に。夜になっても眠れなくなってしまったのです。両親は大変驚き、すぐに塾も受験もやめさせましたが、塾に言われるままにテストをチェックし、宿題をするように促していただけで、そんなに無理をさせているとは思わなかったと言います。

「勉強しなさい！」（70ページ）にも書きましたが、男の子は一旦その気になるととんでもない底力を発揮するもの。一時的に成績が下がっても、後で取り戻すことは十分可能です。でも、本人がその気になる前に親が先取りしすぎると、思いがけないしっぺ返しが待っていることもあるのです。

こうすれば伸びる！

ママのひとことでやる気を折らない。

「ほめほめ作戦」でその気にさせる。

中学受験は子どもに合わせて慎重に。

WORD 21

○○中学（高校）なんて絶対ムリだね！

こんなふうに言っちゃうこともあるよね ▶ ○○中学（高校）なんて行けるはずないよ。○○中学（高校）はあきらめなさい。

進学塾に通っているのに、まったくやる気が見えません。このままでは志望校への合格など夢のまた夢。宿題もせずに不機嫌にゴロゴロしている息子を見ていると黙っていられません。

12歳の受験

'17年のデータを見ると、全国で私立中学に学ぶ生徒の割合は約7％。東北6県では2～3％と、ほとんどの中学生が公立中学に通っています。

しかし、大阪府では約9％、大阪・兵庫・京都・奈良の近畿4県では9.7％と都市部では高率に。

さらに首都圏となると、その数字が跳ね上がり、東京都では24％が、神奈川・千葉・埼玉を加えた4県の平均でも、13％以上が私立に進学しています。

これより少し前、'12年のベネッセによる調査では、首都圏の公立小学校6年生の保護者のうち、23％が子どもに受験をさせる予定だと答えていますので、受験した子どもたちはおおむねどこか私立に進学しているということになるでしょう。

地域差・学校差はあるとはいえ、中学受験に関してはほとんどの場合受験する子の方が少数派です。「中学受験は親の受験」と言われるように、まだまだ遊びたい盛りの子どもたちを受験という関門に向かわせるためには、手を変え、品を変え、いろいろと工夫しなくては続かないという側面があります。

中学受験という悲しいシステム

うちの子どもたちが通った小学校は大手の中学受験塾の本部がある地域にありました。中学受験には最適の環境だというウワサが広がり、わざわざ他市、他県から転入してくる子どももいるような学校だったのです。今から20数年ほど前は、クラスの２／３が受験し、半数が私立もしくは国立の中学に進学して行くという状況でした。

私はちょうど息子が6年生の時にＰＴＡの会長を務めていましたので、「またそんな点？」（74ページ）で紹介したものも含め、中学受験にまつわるいろいろな話を直接見聞きしてきました。

「塾に遅れるので、小学校の卒業に関わる行事の準備には一切参加させないでほしい」「クラブ活動や委員会活動は欠席させる」と担任に宣言する保護者は珍しくありませんでした。受験の妨げになるという理由で、熱心に取り組んでいるサッカーや野球を無理やりやめさせたというのもよく聞いた話。

進学塾のかばんを背負った二人の男の子が志望校について会話しているのを耳にしたことがありまし

たが、友だちに志望校を聞かれた子が「○○中学だよ。でも、もし落ちても△△中学（地元の公立）に行くよ」と答えるのに対し、もう一方の子が「え～！？　なんで△△中学なんかに行くの～？　あそこはバカが行く学校だよ！」と大声で叫んだのには驚きました。

ちょうどその頃、地元の公立中学の先生からは、「中学受験する子は全員どこかに合格してほしい」とのお話を聞いたこともあります。受験に不合格だった子の中には、「12歳にしてどうしてここまで？」というくらいの挫折感を抱いて入学してくる子が毎年何人もいるというのです。学力は同級生の数歩先を行っているので授業には真面目に取り組まず、そのうちに横道にそれてしまう子も少なくないし、希望に燃えて入学してきた子どもたちに対する悪影響もあり、そのケアには、かなり神経を使うのだとか。

学校でのさまざまな役割や行事、大好きなスポーツも犠牲にし、「頑張らないとバカが行く学校に入らなくてはならない」とお尻を叩かれてきた子が、公立中学に進学することになった場合、救いようのない挫折感を抱くのは当然の事だとも思えます。

もちろんすべての塾、すべての家庭がそのように教えているとは言いません。中学受験そのものを否定しているのでもありません。でも、学校行事より塾を優先し、遊び盛りの子どもたちを受験に集中させるために「○○中学はバカが行く学校」「○○中学は無理」「○○中学なら入れる」と色分けして子どもに教えなくてはいけないとしたら、中学受験とはなんと悲しいシステムかとは思います。

私立中学も塾も、生徒が集まらないとつぶれてしまいます。「教育」の名のもとに、どうすれば生徒が集まるか、どうすれば親の財布のヒモがゆるむかを、必死になって考えている人たちが支えている世界でもあるのです。

中学受験で楽しみながら夢中で勉強に取り組み、志望校に進学して高校受験のない6年間の学校生活思う存分をおう歌する子はたくさんいます。これは中学受験の成功例。でも、中学受験というシステムに親子して飲み込まれ、冷静な判断力を失ってしまうことも。一度飛び込んでしまうと、なかなかそこから出ることが難しくなってしまう世界なのです。

15歳の受験

　これがその3年後の高校受験となると、話は違います。高校進学率は97％を超えていますから、中高一貫または、エスカレーター式の付属校以外の生徒は、ほとんど全員が高校受験に臨みます。そして少子化の今、高校進学に関して言うと、真面目に学習に取り組んでいる子が進学したいと思えば、必ずどこかに進学できる状況なのです。場合によっては、三年前に同級生が中学受験で合格を勝ち取ったその学校に、学校推薦のみの無試験で入れるということも。

　中学生活も後半になれば、周りがどんどん受験に向かって動き出しますから、親がムキになって背中を押し、お尻を叩く必要はありません。その上にこの段階で具体的な学校名を挙げて「○○は無理」「○○になんか行けっこないよ」と言えば、「じゃあ行かなくて結構」となるのが思春期の男の子たち。何も言わなかったら一日中寝ていたり、ゲームをしていたりするかもしれませんが、彼らは心の中で「まずいな」とちゃんとわかっています。そこにもってきて、頭ごなしにガミガミ言うのは彼らの思うつぼ。「親がうるさいからやる気がなくなった」と言うにきまっているのです。

　その気になりさえすれば、ものすごい集中力で頑張るのが男の子たちですから、中学に入ったら、できるだけ早い時期に具体的な目標が定められると、後で親がラクできます。「○○学校なんて無理」なんて言わずに「頑張れば届くんじゃない？」と励ましつつ、そこまでの道筋も示してやりましょう。内申点はどのくらい必要か、テストではどのくらいの点数を取ればいいかなどは、中学にたくさんの資料があるので自分で調べさせるといいでしょう。

中学受験へのチャレンジは慎重に判断する。

高校は全入時代。
真面目に取り組めば、
進学する学校は
必ずある。

早めに具体的な目標を持てば、
発揮する底力が違う。

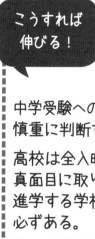

WORD 22

そんな漢字も書けないの？

こんなふうに言っちゃうこともあるよね ▶ そんな計算もできないの！それぐらい漢字で書きなさい！

もう5年生になるのに、作文はひらがなだけ、簡単な足し算や引き算も間違えることがあります。このままでは中学に行ってついていけなくなりそうで心配です。

漢字と計算は積み重ね

小学生の学習で、親の二大不安要素といえば、「漢字」と「計算」ではないでしょうか？　この二つは、日々の積み重ねがとても大切で、一朝一夕にマスターすることが難しいもの。しかも、小学生、特に男の子たちにとっては、楽しい学習ではありません。そして、いったん学習に遅れが出ると、追いつくことがとても難しくなってしまうのです。

小学校では教科書の他に漢字と計算のドリルは必ずといっていいほど用意され、宿題として出されることが多いのはご存知の通りです。しかし、一刻も早く遊びたい男の子たちは、漢字を殴り書き、計算も適当な数字を書き込んで、「終わった！」と飛び出して行ってしまいます。そういう取り組み方では、漢字も計算もなかなかマスターすることができず、苦手意識だけが積み上がっていってしまうのです。

一つの漢字を10回ずつ書きなさい、などという宿題も男の子が苦手とするところ。「へん」だけを先に10回書いて、次に「つくり」だけを書き足して行く「効率主義」を導入する子は珍しくありません。

計算問題も、目を離したスキに電卓を使って済ませるという悪知恵が発揮されるようになります。男の子たちにとって「答えが一つ」でわかりやすい算数は得意科目のひとつですが、計算問題をいくつもこなしていく地道な努力は大の苦手とするところなのです。

ほめられるとその気になる

その苦手意識が一気に取り払われたのが知り合いのAくん。漢字が大の苦手だったAくんのママは、4年生の夏休みに宿題として出された100文字の漢字が並んだプリントをやらせてみてびっくり。そこに並んでいる100文字はすでに習ったはずの漢字でしたが、Aくんはそのほとんどを正しく書けなかったのです。休み明けにはちゃんと宿題をやったかどうかテストされるというのに、本人はまったく気にする様子がなく、ママのほうがプレッシャーを感じてしまいました。

そこでママは一計を案じ、プリントを夏休みの日数分コピーし、正しく書きこんだお手本プリントも用意しました。最初の一週間はお手本を見ながら書かせて、その後は何も見ずに書きこませ、書けなかった字、間違えた字はお手本を見て記入するというのを夏休み中毎日続けたといいます。1文字1点で採点したら、最初は10点に満たなかったのが、日々点数は伸びる一方。夏休みの最後の数日は連日100点が取れるようになったのだとか。もちろん休み明けのテストも満点でした。

それまで漢字が苦手だったAくんの変わりように担任は大変驚き、みんなの前で満点を取ったことを大げさなくらいにほめてくれました。「夏休みの間に、本当によく頑張ったね」と彼の努力をほめたたえ、みんなに「これからはAくんを漢字博士と呼ぼう！」とまで言ってくれたそうです。

その日から、Aくんは学校で新しい漢字を習うたび、その日のうちにマスターするようになりました。「僕は漢字博士なんだから、間違えたら恥ずかしいもんね」と言うのだそうです。

Aくんにとってラッキーだったのは、ママが提案してくれたやり方で、日々自分が頑張った成果が実感できたこと。「こんな漢字も書けないの！」と言ったところで、その子が漢字をちゃんと書けるようになるわけではありません。ママと担任は、彼に「漢字が得意」と思い込ませることに成功したのです。

単純な計算問題は脳のウォーミングアップに

今も根強い人気を持つ、陰山英男氏が普及させた「100マス計算」。10×10のマス目の外側にランダムに書かれた数字同士を足す、引く、割る、かけるの四則計算させる課題です。この100マス計算を「計算力アップのためのトレーニング」と考える人もいるようですが、それは誤解。蔭山氏によると「計算に対する苦手意識をなくす」「計算問題に取りかかるためのハードルを下げる」というのがその目的であり、効果なのだそうです。科学の世界でも、100マス計算で脳がウォーミングアップされ、さらに高度な課題に取り組むための準備ができるということがわかってきました。

100マスの計算に習熟したら、最終的には計算を終えるまでのタイムを測るようにするのですが、蔭山氏はその過程でとにかく「ほめる」ことを強調しています。不正解を指摘して正しく計算させるのではなく、「よくがんばったね」「ちゃんと最後までやれたね」とほめ、励ましながら取り組ませることが大切だというのです。

計算に対する苦手意識を持つお子さんには、最初からあまり欲張らず、3×3マスの足し算・引き算から始めて、少しずつレベルアップして行きましょう。そして毎日続け、毎日ほめてやります。一日にほんの数分だけやれば、子どもの中の苦手意識が払しょくされ、逆に達成感が積み上がって行きます。「あ、僕って計算問題が得意なのかも？」と思わせることができれば、大成功です。

漢字も計算も、日々の積み重ねが大切な割に、その積み重ねがとても難しい課題です。子どもがしぶしぶにでも取りかかったら、間違いや欠点を指摘したくなる気持ちはぐっと抑えて、どこをどうやったらほめてやれるかに力を注ぎましょう。せっかくやったのに、親に間違いや欠点を指摘されてばかりでは、やる気は育ちません。元教師の親野智可等氏によると、親ができる事は「正しくきちんと」できるように見張り、指導することではなくて、子どもに勉強が「得意だよ」「好きだよ」と思い込ませることなのだとか。確かに、厳しく指導されたり指摘

されたりすればするほど、やる気は奪われていくものですよね？

今紹介した漢字練習や１００マス計算に限らず、どういうやり方をさせたらお子さんをほめてやれるかを基準に、簡単にできる小さな課題を考えてみませんか？　一日数分で、無理なく取り組めるもので、男の子には競争の要素が含まれているとさらにいいでしょう。ほめる材料を作るための課題ですから、簡単、シンプルなものに限ります。最初は「正解した数だけチョコをあげるね」なんていうごほうび方式を取り入れてもいいかもしれません。

こうすれば伸びる！

漢字や計算は日々の積み重ねでマスター。

苦手意識をどうやって克服させるかがカギ。

ほめると伸びる。やる気が育つ。

WORD 23

また試合に出られないの？

こんなふうに言っちゃうこともあるよね

また補欠？
また（試合に）出してもらえないの？
いつになったら試合に出られるの？

お友だちに誘われて、サッカークラブに入ったのですが、練習ばかりで試合の日は応援担当。選手に水を運んだり、グラウンドで一列に並んで声援したり、裏方ばかりやらされています。せっかく練習しているのに、試合に出ないなんて……。

試合に出る機会は減る一方

サッカーにしても、野球にしても、その他どのスポーツでも、所属するメンバー全員が試合に出られるという種目はありません。水泳などの個人種目でさえ、チームごとのエントリー人数が決まっていたり、基準の記録をクリアしていることが条件になっていたりして、全員が試合に出場できるわけではないのです。

人気のあるクラブや部活は特に人数が多く、さらに出場できるチャンスは少なくなってしまうでしょう。サッカークラブや少年野球の話を聞いても、強豪と呼ばれるチームには1軍から5軍まであるような大所帯も少なくありません。そこには、一度も公式戦に出場した経験がないままに卒業する子がけっこういるものです。

もちろん、試合に一切出られないのでは練習に対するモチベーションも上がりませんから、指導者は全員に出場機会があるような練習試合を組んで、実戦の経験ができるように計画はしてくれます。しかし、公式戦用のユニフォームに袖を通し、公式記録に残るのは、限られたメンバーだけなのです。

自分自身に運動経験のない親ごさんの中には「上級生になったら自動的に試合に出してもらえる」と期待している方もいるかもしれませんが、スポーツというのは年功序列、経験第一ではありません。長く所属しているからというだけの理由で試合に出してもらえることはまずないのです。

そして、自分がレギュラーメンバーに入れるのかどうかは、子どもたち自身がよくわかっています。いっしょに練習している仲間と自分の実力差は、10歳も過ぎれば冷静に判断できるからです。

たくさん選手がいるチームでは公式戦に出場する機会が得られないなら、メンバーが少なくて試合出場の可能性が高いチームへ移籍すればいいじゃない？　という意見もあるでしょう。でも、彼らのキモチはそう簡単に割り切ることができません。

たとえ自分に出場機会があっても、人数が少ないチームは選手層が薄く、勝利は望み薄。強豪チームの一員として、自分は出場できずとも勝利の喜びを味わいたいのか、勝利とはあまり縁がなくても、自分が試合に出る喜びを味わいたいのか、どちらをとるかはその子次第です。

うちの息子は中学から高校に、高校から大学に進学するとき、スポーツを続けることを軸に学校選びをしました。彼は試合に出られなくても強豪校に進学したいというタイプ。「公式戦に一度も出られなくてもいいから、レベルの高い学校でやりたい」と言い切りました。同級生には逆に「高校までは強豪校でレギュラーに縁がなかったから、大学では試合に出られる学校を選ぶ」という子も。

もちろんスポーツだけではなく、トータルに自分の将来の進路を見据えた学校選びをするのが当然であり、そうやって選んだ学校が強豪校だった、という場合もあるでしょう。最寄りのクラブに入ったら、全国レベルの強豪クラブだったということもありますね。いずれにしても、学年が上がれば当然のように試合に出られるというわけにはいかないのが、スポーツの世界です。

試合に出ないと意味がないのか

確かに親の気持ちとして、チームの代表として公式戦に出場するわが子の姿を見たいというのはよくわかります。でも、それ以外にそのチームにいる意味、そのスポーツをやっている意味がないということはありません。

スポーツを通して学べることはたくさんあるし、仲間と切磋琢磨することで心身共に大きく成長するというのは確かです。さまざまな葛藤を越えて、自分が出場できなくても、自分たちの代表である選手たちを心から応援できるのは素晴らしいこと。

私は高校野球が大好きなのですが、甲子園に出場できるのは、全国の高校のほんの一部です。その上あの舞台に立てるのは、部員の中でも限られたメンバーなのはご存知の通り。グラウンドで熱戦を繰り広げる仲間に、その何倍もの部員たちが声援を送ります。真っ黒になり、声を枯らして応援する彼らに対して「試合に出られないなら意味がない」「頑張っても無駄」と、誰が言えるでしょう?

試合に出る、出ないではなく

うちの夫は根っからの体育会系で「試合より練習を見るのが楽しいんだよ」と、子どもたちの部活の練習を見学に行きたがりました。私もそれにつられ

て足を運ぶうち、公式戦では見ることができない3軍、4軍の部員たちの頑張りを目の当たりにしました。そしてケガから復帰した子や、上のチームに抜擢された子がいると、わが子のことのようにうれしく、彼らがかわいく思えるようになったのです。

親ごさんの中には「一軍で試合に出られないわが子など、恥ずかしくて見に行けない」「みんな一軍の試合にしか興味がないんだから、うちの子なんてどうでもいい」とおっしゃる方もいらっしゃいました。そのような方たちには「練習や練習試合を見ると、とても楽しいですよ！」と声をかけ、お誘いしました。一軍ならずとも、必死に練習に取り組む一人ひとりの頑張りを目にすると、「どうでもいい」などとは言えなくなります。毎週末、わが子が出る試合がなくても顔を合わすようになり、そこで親しくなった親ごさんたちとは、今でも親戚同様のお付き合いが続いています。

また、親でも親戚でもないのに、もっと熱く、あたたかい気持ちで応援してくださるファンの方々ともお知り合いになりました。一人ひとりの選手の成長を見守ってくださる様子に頭が下がりましたが、みなさん異口同音に「彼らの頑張りに元気をもらっているのは自分の方です」とおっしゃるのです。それもスポーツの魅力のひとつなんですよね。

一軍で試合に出ないわが子を恥じる必要などありません。彼らの日々の努力、葛藤を目の当たりにすれば、そんなこと言えるはずがありません。公式戦にレギュラーとして、また、ひとつでも上のチームで試合に出ることを目指し、希望を捨てずに努力をする姿には、胸が熱くなるでしょう。そんな彼らを見ていたら、試合に出る、出ないということは本当にちっぽけな事だなあと思わされます。

こうすれば伸びる！

試合に出る出ないではなく、日々の頑張りを評価しよう！

練習や練習試合も見に行こう！わが子や仲間の頑張りに心を打たれるはず。

WORD 24

そんな仕事儲からないよ！

こんなふうに言っちゃうこともあるよね

そんな仕事みっともないよ
そんな仕事のどこがいいの？

路上からメジャーデビューして大ヒットを飛ばしたミュージシャンに憧れ、自分も路上でライブをするのだと言います。早くあきらめてちゃんとした仕事を目指してほしいのですが。

理想の息子は儲ける息子？

男の子に限らず、子育ての一応のゴールは「独り立ち」。どんな形であれ、手助けなく自立して生きていけるようになれば、親の仕事は一区切りです。

ただ、それぞれの親が描く「自立」のイメージは、本当にさまざま。男の子の場合には「女房子どもを養えるようになって一人前」といった固定概念に縛られている親ごさんは少なくありません。男女平等とはいえ、女の子がいまだに「結婚」をゴールに据えることが許されるのに対し、男の子の自立はかなりハードルが高いのです。

「一人で稼いで暮らしてくれるようになればそれでいい」から「老後はしっかり面倒を見てもらいたい」までいろいろとはいえ、親にはっきりと思い描いているイメージがある分、子どもがそれと違う方向に進みそうになると警戒信号が点灯。なんとか自分の理想に近い方向に軌道修正したいという強い欲求に支配されてしまいます。

「路上アーティスト」のように、収入が一定でも十分でもなく、長く続けてもそれで生活できるようになるかどうかわからないもの（ならない可能性の方が高いもの）、今の努力が将来の収入や生活の安定に結びつかないものにあこがれたり、一所懸命になったりする息子を目の当たりにすると、なんとしてもやめさせたくなってしまうのです。「思い切ってどんどんやりなさい！」とは言いにくいものでしょう。

お金よりやりがい

人間は一人では生きていけません。他の人々と共に、同じ時代、同じ地域の中で暮らし、その中で「自分が貢献できている」という実感が持ててこそ、生きる喜びを得られる生き物だといわれます。

つまり、人は働いて稼げればそれで満足で、お金があれば他のことはどうでもいい、というふうに生きて行くことはできないのです。いくら高収入でも、その仕事にやりがいが感じられないと長続きしないのはご存知の通り。職業に貴賎はありませんが、その人にとってよい仕事、悪い仕事という区別は確かに存在するのです。

脳内神経伝達物質のドーパミンは「幸せの脳内物質」ともいわれ、やりたいことに熱中している時や

他人からよい評価を受けた時に大量に分泌されます。頑張れば頑張るほどドーパミンが分泌されるような仕事、上司や同僚、顧客からよい評価を受けられるような仕事は、その人にとってよい仕事。逆にどんなに高収入でも、人を騙したり、言いくるめたりすることを求められる仕事、頑張っても誰からも評価してもらえない仕事はその人にとって悪い仕事です。

万人に共通のよい仕事があるわけではなく、有名な一流企業の一員になったとしても、その人に他にやりたいことがあれば、それはよい仕事とは言えません。一般的には評価の低い仕事であっても、その人に働く喜びをもたらすのであれば、それはとてもよい仕事です。

親の子育ての一応のゴールが「子どもの独り立ち」だとしたら、子どもが成長していく過程は、まさに独り立ちするまでの道のりです。そしてそれは彼らが自分にとっていい仕事とは何かを探し求めるプロセスでもあります。

スポーツ選手やアーティストに対する漠然としたあこがれを抱く時期もあるでしょう。人間関係に悩みながら自分というものを深く知るようになり、自分は何がしたいのか、自分に何が向いているのかを探り、実際に仕事に就くまでの長い旅をしていると言ってもいいかもしれません。

その過程で「路上アーティスト」の存在を知り、憧れて、自分でもやってみようと思うなら、チャレンジさせてみればいいというのが私の意見です。

パフォーマンスしている時には楽しそうに見える彼らの現実は、生やさしいものではありません。そのための資金を得るには、日中はずっとアルバイトに精を出さざるを得ないことや、実際には通りすがりの人はそう簡単に立ち止まって耳を傾けてくれないことなど、実際に体験してみないとわからないことがたくさんあるはずです。実際に体験してみて、それでも続けたいと言うのであれば、お子さんにはその適性があるということ。それで将来生活できるかどうかは別の話として、今のところ彼には路上でのパフォーマンスが「いい仕事」なのです。

彼らが目指すものを探っている過程で、横合いから「それは儲からないからダメ」「そんな仕事は意味がない」「それは不安定」と、選択肢を削除していくのはあまりおすすめできない方法です。将来彼らが何を選びとったにしても、それが残り物のような、自分が本当にやりたい事ではないような気がして、自信のなさがついて回ります。そして逆に、いつまでたっても「自分にとってのいい仕事」を見つけられずにさまようことにもなってしまうのです。

親にできることは「この仕事に就きなさい」と強制することではなく、若いうちにたくさんの職業、進路に出会う機会をつくってやることです。そして、そこから選びとる主体は彼らなのです。

思考錯誤を経験すると強くなる

'12年、史上最年少の25歳で会社を一部上場させた経営者（株）リブセンスの村上太一さんは、成功報酬型の求人サイトを開発、運営し、若くして億万長者となりました。彼は中学受験に臨んだものの合格を手にできずに公立中学に進学、そこから早稲田大学の付属高校、早稲田大学へと進学。大学在学中に起業して、今に至ります。

著書などを見るとその歩みはとても順風満帆とは言えません。さぞや苦労しただろうと思いきや、彼は「好きなこと、やりたいことをやってきただけ」だと言うのです。役員報酬がコンスタントに支給されるようになったのは最近の事で、途中で事業の継続困難と判断して、知り合いの企業経営者に譲渡することも考えたくらい大変だったというのに。

今では立志伝中の人物となりつつある彼ですが、私は彼の試行錯誤を陰で支え続けたお母様もすごい方だなぁと思います。彼の成功を信じるというよりは、彼のチャレンジを支え続けたその姿に、同じ母親として尊敬すら抱きます。もし彼女が「そんな儲からないことはやめなさい」と息子を止めていたら、今の彼の成功はなかったでしょう。

よい仕事、悪い仕事は確かにある。

子どもが自分にとってのよい仕事に出会う機会を作る。

チャレンジする気持ちを支えるのも親の仕事。

WORD 25

ロクなおとなにならないよ！

こんなふうに言っちゃうこともあるよね ▶ そんなんじゃロクなもんにならない！ロクな人生送れないに決まってる！

一日中グズグズ、ダラダラ。ご飯の時以外は寝ているか、ゲームしているか。こんな調子でちゃんとしたおとなになれるのか、心配になります。

ロクでもないって、まともじゃないこと

「ロクでもない」とは「まともではない」という意味だそうです。では、今の子どもたちは、「ロク＝まとも」なおとなの、具体的なイメージを持っているのでしょうか？

'17年に、ソニー生命が中高生を対象にした調査を行なったところ、将来なりたい職業に「ＹｏｕＴｕｂｅｒなどの動画投稿者」がランクインしたことが話題になりました。その同じ調査で、今のおとなに対するイメージをたずねたところ、約9割が「大変そう」「疲れている」と答え、6割以上が「楽しくなさそう」と答えているのです。

また、リクルートが'13年、大学一年生を対象に行った「身近に『こうなりたい』と思う社会人はいますか？」という調査では、約6割が「いない」と答えています。

身近な大人はみんな大変そうで疲れていて、身近にはモデルとなる社会人もいない。あこがれるのは「面白いことをして、ラクに儲けているように思えるＹｏｕＴｕｂｅｒ」というのは、子どもたちにとって決して幸せな状況とは言えません。

　高いレベルの目標を抱くのも大事ですが、遠すぎる、高すぎると最初からそこにいくのをあきらめてしまいます。モデルは具体的で、身近であることがとても大切なのです。

具体的な目標と出会わせる

　実は、価値観が多様化している今、「ロクであること」つまり、まともであるという基準がとてもあいまいになってきています。だからこそ、身近に「がんばれば届く」目標があることはとても大事なことなのです。

　家族でどんなおとなになってほしいか話し合うことも大切ですが、十代になったらできるだけたくさんのおとなに会わせるということを意識してみませんか？　ホームパーティなど催して、友人知人に集まってもらうのもいいですね。

　「ボク、あんな人になりたい！」という具体的な目標を持つことが、「ロクなおとな」に近づく第一歩です。この目標を一人に決める必要はまったくありません。成長に応じて、その時に具体的に憧れる相手を思い描けることが大事なのです。

こうすれば伸びる！

子どもたちに目標とするおとながいない時代。

「ロクなおとな」にしたいなら、なりたいおとなを思い描けるようにしてやろう。

WORD 26

まともな仕事には就けないね！

こんなふうに言っちゃうこともあるよね

そんなのちゃんとした仕事じゃないよ！
フリーター決定だね！
そんなんじゃ将来はニートだね。

勉強は真面目にやらないし、なんでもやりかけては途中で放り出します。その姿を見ていると、将来まともな仕事に就けるのかと心配になります。

安定した仕事に就けないと子育て失敗？

10歳を過ぎて、生意気盛りのわが息子を前に、彼らの将来の姿を思い描く時、どんなイメージが思い浮かびますか？　自分の食いぶちを自分で稼いでくれたらそれでいい？　すてきな女性とめぐり合い、かわいい孫を設けてくれたら万々歳？　それとも一流企業に入ってもらわないと、というこだわりがあるでしょうか？

マイペースで自分勝手に生活している息子の姿に、とてもそんな日が来るとは思えない時期があります。休みの日に一日中ゴロゴロして、ゲームやスマホにどっぷりだったクセに、夜遅くなって宿題や課題を思い出して大あわて。あわてるくらいならまだいいほうで、すっかりあきらめて降伏宣言、ということも。こんな調子では、とても将来「まともな仕事」には就けそうもないなぁ、という不安がつい口から出てくるのでしょう。

「まともな仕事」というのは、身分がしっかり保証された仕事。保険も年金も、有給休暇も、福利厚生もちゃんとしていて、そう簡単にはクビにならないような仕事、と言えばいいでしょうか。

これは、俗に言う「フリーター」「契約社員」などの非正規雇用ではダメ、ということでもあります。

政府の統計では「学生を除く15～34歳の男性と未婚の女性で、パート・アルバイトで働く者、またはそれを希望する者」は'16年度で155万人。

この数が多いか少ないかは判断が分かれるところだと思いますが、私はもう少し多いのかな、と予想していました。150万という数字を20年（15～34歳の20年間）で割ると、7.5万になります。1年間に生まれる子どもの数がだいたい110万人くらいですから、単純計算で同い年の子の約7％が非正規雇用で働いているということに。100人の同級生がいたら、そのうち7人というわけですね。

成人したわが子が定職に就かず、アルバイトや派遣社員、契約社員と渡り歩く不安定な生活をしていると、親としては内心穏やかではいられないものです。特に周りの子たちがそれぞれに学校を卒業し、スーツを着て会社に通う姿をよく見かけるようになると、「どうしてうちの子だけが？」と、自分の子育てを悔やむ気持ちが出てくるのでしょう。そんな息子を前にして、まるで子育てが失敗したように悔やんでいる人を何人も知っています。

でも、非正規雇用って、そんなに悪いことでしょうか？　正社員でなくても、自分で働いて賃金を得ていることには変わりないはずです。そこで過ごした時間も、貴重な人生の経験とは言えませんか。

ようやく自分と向きあえる時間が

数年前、派遣社員として働く男の子たちと身近に接する機会がありました。

彼らのほとんどは、今の状況を人生のゴールと考えているわけではなく、ミュージシャン、役者、声優、ペットシッター、マンガ家など、目指す仕事がありました。でも、その収入では生活できなかったり、起業する資金や海外留学の資金を貯めようとしていたりして、「目的を持って正規雇用の会社員以外を選択している」という状況だったのです。

非正規雇用であっても、それが仕事であることに変わりはありません。与えられた仕事を、きちんと責任を持って真面目にこなしながら、目的に向けて貯金など準備を整え、夢を叶えて、満を持して巣立って行った子もたくさんいました。

少子化の今、自動的に押し出されるように進学し、高卒後も無試験で大学や専門学校に進学する子は、本当にたくさんいます。そして、その上級学校から社会に出るところで初めて、次の進路が見つからないという、壁にぶち当たる子は珍しくないのです。

たまたま新卒の時にこれという仕事に巡り合えずフリーター生活に入った子の一人は、アルバイトから契約社員となって実践経験を積み、その真面目な仕事ぶりが評価されて正社員に登用されました。

その過程を見ていると、小学校から中学、高校、大学や専門学校へと、次から次へと追い立てられるように走り続けてきた彼らが、そこでようやく自分の将来について、じっくり向き合う時間を持てているようにさえ思えるのです。

最近では「フリーター」に対する風当たりも以前ほどではなくなりましたが、一般的なイメージとしてあった、「次々に仕事を渡り歩き、仕事に対する責任感もなく自分勝手に辞めてしまう」というような子は、本当にごくわずかだという印象でした。

それに、せっかく正社員として雇用されてもすぐ

に辞めてしまう子たちも問題になっています。中卒の7割弱、高卒で4割、大卒では3割が、就業3年以内に辞めているのです。

　世の中の流れに流され、特に考えもせずに就職して数年で辞めてしまうよりは、アルバイトや派遣社員といった、そのときの自分に合った働き方を自ら選択し、将来をじっくり考えた方がいいと、評価することもできるのではないかと思います。

　そうして実際に仕事の現場で学びつつ、自分の本当に進みたい道を見つけて行くのも、立派な進路だと思うのですが、いかがでしょうか？

親ができることとは

　男の子にだって「主夫」という選択肢もあるとはいえ、今のところ、ほとんどの場合はしっかり稼ぐ力がないと、その後のステップに進めません。それは彼らにとって、かなりのプレッシャー。悩んだり、迷ったり、回り道をしたりするのは、ある意味当然のことだと考えていいと思います。

　親として、フリーターであれ、契約社員であれ、自分で働いて収入を得るところまで面倒を見てきたなら、それで十分。子育ては一段落と考えて、親のこだわりや世間体の縛りから彼らを自由にさせてやりましょう。

　彼らが生きるのは、親の人生ではなく彼ら自身の人生です。成功はもちろん、失敗も、挫折も、彼らの人生の彩り。打たれ強さも培われます。

　たとえ夢破れたとしても、彼らには人生の宝となる時間と、大切な人たちとの出会いが残るでしょう。それは彼らが自分自身の力で勝ち取ったものです。ヨチヨチ歩きでも、自分の足で歩いていればきっと道は開けます。

こうすれば伸びる！

十代の10年間はさまざまなことにチャレンジし、さまざまな人に出会うチャンス。

「正規雇用」「正社員」にこだわる必要はない。

自分の足で歩いていれば、道は開ける。

WORD 27

ちっとも大きくならないね！

こんなふうに言っちゃうこともあるよね

食べてるのにちっとも大きくならないね。どうして大きくならないんだろうねぇ？〇〇くんは〇センチも伸びたんだって！

参観日などで学校に行くと、うちの子がとても小さいのが気になります。男の子だし、もう少し背が高くなってほしいと思って食事もいろいろ工夫するのに、身長はちっとも伸びないんです。

努力ではどうにもならない

「男の子なんだから少しでも背が高くなってほしい」というママの願いは根強いものがあります。私自身が中学時代に憧れたのは、長身のバレー部のアタッカーでしたし、周囲の若い女の子たちも「背が高い男の子は、初対面でのポイントが高いのは確か」と言っています。女性のＤＮＡには「男性の身長は高いほうがいい」という価値観が組み込まれているような気がするくらいです。

ママがわが子をよりよく育てたいと願うその「いい子」の要素のひとつとして、一見してすぐにわかる「身長」は大きなポイントとなりえます。特に思春期にさしかかっても小柄な男の子のママは、なんとかして成長を助けようと、食事や、サプリメントなど、あれこれ工夫をするものです。

でも残念ながら、体格、中でも骨格に依存する部分は、努力で改善できる要素が非常に少なく、生まれつき持って生まれたものが基本となります。「その努力は全く無駄です」と一刀両断にするつもりはありませんが、積み重ねる努力と得られる結果は期待通りとは言い難いのが現実です。

ところが、少年雑誌や男性向け雑誌の広告、子育て情報サイトには、身長が努力次第、口にするもの次第でどんどん伸びるかのように錯覚をさせるものが見受けられます。私が若い頃にあった「○○式身長伸ばし機」と大して変わらない商品が、今も次々に考案され、販売されているようなのです。

また、食事をはじめとした口からとりいれる栄養も大切だからと、子どもや成長期の青少年用のプロテイン、サプリメントなども、次々に商品化され、少しでもわが子を理想の身長に近づけたい親たちの財布のヒモは緩み放題です。でも、あれこれお金をかけて与えるより、成長ホルモンが最大に分泌される夜10時から夜中の2時ぐらいの時間帯に、深い眠りに入れるよう、しっかり寝かせることのほうが効果的かもしれないのです。

背が低いお子さんの中には、なんらかの原因で成長ホルモンが正常に分泌されず、通常の発育のレベルに達しない場合があります。その場合には、厳格な基準をクリアしていることを条件に、注射などによる成長ホルモンの投与も認められています。治療によって劇的に身長が伸びることもあるそうです。

しかし、成長ホルモンが正常に分泌されていて、「ちょっと背が低い」程度では、治療の適用にはなりません。インターネットの世界では、明らかに非合法な成長ホルモンの入手方法を紹介しているサイトもありますが、治療の適用にならない程度の低身長の子に投与したとして、劇的な身長の伸びが期待できるかどうかは不明です。それより成長期の子どもたちにちゃんと分泌されている成長ホルモンを過剰投与する悪影響のほうが心配ですし、そもそものサプリメントや薬の安全性自体、疑わしいと言わざるをえません。

身長が高ければ幸せか？

成長を助けますという触れ込みの商品は、まるで身長の高低が人生の幸不幸を左右するかのような宣伝ぶり。でも、そう考える根拠は一体どこにあるのでしょう。私は「思い込み」以外の何ものでもないと考えています。背が高いほうがスポーツをする上で有利であるという思い込み、パートナーの女性より背が高くないと格好悪いという思い込み、背が高

くないとモテないという思い込み……。

確かにバレーボールやバスケットボールなど、背が高いことが武器になる種目だけではなく、スポーツ全般で身長が高いことがプラスになる場合が多いのは確か。

でも、日本人初のNBAプレーヤー、バスケットボールの田臥勇太選手は173㎝。全日本のリベロとして活躍する古賀太一郎選手は170㎝です。

また、ほかの種目では、世界選手権で前人未踏の6連覇を果たし、リオ五輪では7つものメダルを取った内村航平選手の身長は162㎝。柔道で史上初の3連覇を成し遂げた野村忠宏選手は164㎝、突進してくる大男たちを、華麗なパスで翻弄するラグビーの田中史朗選手は166㎝です。彼らはむしろ身長の低さを武器にしているかのようにも見えます。

また、イケメンとしてモテモテの芸能界のアイドルや若手俳優の身長をネットなどで検索してみてください。意外に小柄なことに驚かれると思います。

確かに恋に目ざめたばかりの年頃の女の子たちは背の高い男性に憧れる傾向があります。しかし、真剣なお付き合いとなるとどうでしょうか？　私の周囲を見回しても、小柄な男性に大柄な女性、というご夫婦は数えきれないほどいますし、身長が高くてもモテない男性も相当数いることを経験上よく知っています。

身長が高ければ幸せになる、低ければ不幸になる、と決まっているなら別ですが、科学的な根拠はひとつもないのです。

ありのままを受け入れる。

10歳も過ぎれば本人にだって「自分は人より小さい」ということはわかります。しかも自分の背が低いことを心配した親があれこれ気を配ってくれるのに、思うように身長が伸びないのは、自分がきちんと食べないからだとか、運動が足りないからなど、自分の努力が足りないせいだと思い込んでいる場合も少なくありません。さきほど書いたように、体格は努力でどうにかなる部分が非常に少ないにも関わらず、その責任を一人で背負い込まされる思春期の男の子は不幸です。

どのみち放っておいても、彼らはこれからしばらくの間「男は背が高いほうがいい！」という根拠のないこだわりに影響される時期を迎えます。せめて身近にいる親ぐらい、そういう価値観から子どもを自由にしてやりたいものです。それなのに、実際にはその正反対で、身長が思うように伸びないわが子に「頑張りが足りないから」「もっと頑張れ」というプレッシャーをかけて、がんじがらめにしている親ごさんが少なくないように思えます。

自分に足りないものばかりを指摘されて育つより、ありのままを「それでよし」と受け入れてもらえた方が、体格はともかく、心は伸び伸びと育っていくはずです。

身長が高ければ
幸せになると
決まっているわけではない。

努力や食べ物で
身長の伸びが大きく
変わることはない。

親が率先してこだわりから
自由にしてやろう。

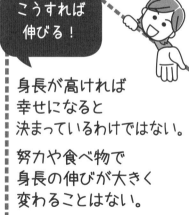

WORD 28

エッチ！

こんなふうに言っちゃうこともあるよね

いやらしい！
エロい！
不潔！

部屋のごみ箱にたくさんのティッシュが丸めて捨てられているのを見つけました。ベッドの布団をめくると案の定、いやらしい本も。どうしたらいいんでしょうか？

十代は「性」とのお付き合いを学ぶ10年

私は、男の子と女の子は根本的に違うと思っていますし、これまでもそれを元に本を書いてきました。今はまだ男女平等に対するこだわりが根強く、男女の違いを語ることが男女差別につながるのではないかという警戒感がなくならないのですが、違いは確実にあると考えています。本当の男女平等はその差を認めた上で、性別を条件に差別されないことだと考えているのですが、それはまた別の機会にでも…。

　さて、「男女はすべての面において平等」ということにこだわる人でも、認めざるを得ないのが性に関する発達の男女差です。

　女子には小学校高学年になると「初潮」が訪れます。これはママたちが自分で経験してきたことなので、どんなものかわかるし、アドバイスもしてあげやすいでしょう。でも、男の子にも同様に起きる「精通」については、戸惑いの方が大きく、わが息子がおとなになっていくことに対する抵抗感もあいまって「エッチ」「いやらしい！」といった反応をしてしまいがちです。

「精通」というのは、10歳前後に起きる初めての射精のこと。マスターベーションのように、自分で意識して性器を刺激したわけでもないのに、寝ている間（夢精）、また友だちとの取っ組みあいなどによって、精液が飛び出してくることがあります。イマドキの男の子たちが、予備知識を一切持たずにその日を迎えることはないでしょうが、予感はしていても、実際に自分の身に起きるとドギマギしてしまうのは、女性の初潮と同じです。

これは、体がおとなに近づいてきましたよ、というおめでたい証拠なのですが、女子の初潮はお赤飯を炊いて祝うのに対し、男子のそれを表だって喜ぶ習慣はありませんね。

(毛)のハンコ

うちの夫は突拍子もない冗談で子どもたちをからかって喜んでいるような人なのですが、彼の発言の中で今でも「ファインプレー！」と思っていることがあります。それは「(毛)のハンコ」の話。

息子が幼稚園に通っている頃から、夫は真面目な顔で彼にこう言い続けてきました。「男の子は大き

くなるとオチンチンに毛が生えてくるんだよ。そうしたら親は保健所に『うちの子は無事におとなになりました』と、届け出をする義務があるんだ。すると、君の記録に「㊔」のハンコをポンと押してもらえる。だから、もし君のオチンチンに毛が生えたら、必ず家族に教えなくてはいけないよ」と。

そしてとうとうその日がやってきます。

小学校4年生も後半のある日、息子が「ほら！　毛が生えたよ！」とお風呂から大喜びで飛び出してきたのです。でも、パッと見ただけでは「毛」は見当たりません。私の母など、老眼鏡まで持ちだしてきて「どれどれ」と股の間を覗き込む始末。「おかしいなあ、明るい所で見ると生えているんだけどなぁ」という息子を囲んで、娘も含めた家族でああでもない、こうでもないと見ていたら、タマタマの後ろ側に眉毛より短いくらいの毛が一本、確かに生えていました。

それを家族みんなが一人ずつ確認し、息子に向かって「よかったね〜！」「おめでとう！」「これでおとなの仲間入りだね！」と口々にお祝いを言ったのです。息子もそれがとても誇らしく、嬉しそうでした。

私の友人たちに話すと「よくやるよ」とあきれられますが、彼の性の発達のとっかかりのところで、こういうふうにオープンに話せたことは、その後も性について気軽に話すいいきっかけになりました。

その後、私が小学校のＰＴＡ会長を務めていた時、学校が市の性教育研究指定校に指定されることになりました。その時、ＰＴＡでも「できるだけ家庭の中で性の話をオープンに」という方針を固めたのですが、それを率先して実行できたのも、この㊔の話があったればこそでした。

心構えははっきりあっさり

また、この性教育に関する勉強を通じてＰＴＡの役員仲間から家庭内でとても役立つ対処のしかたも教えてもらいました。

彼女は息子に「その時」が来たことを感じるやいなや、彼に専用の箱ティッシュとゴミ箱を渡し、「ティッシュはきちんとゴミ箱に捨てて、いっぱいになったらビニール袋にまとめて大きなゴミ箱に捨てる」「下着を汚したら自分で洗って洗濯機に入れる」「これからは彼の部屋に入る時は必ずノックする」という二点をはっきり簡潔に伝えたのだそうです。
男兄弟のたくさんいる彼女ならではのやり方。こんなふうにあっけらかんと、しかも必要最低限のルールとマナーを伝えることができるなんて、お見事としか言いようがありません。彼女の息子もこれで自分が一人前として認められたことを知り、体に起きている変化が特別ではないこと、後始末をどうしたらいいかも教えてもらえました。思春期の入り口の所でのガイダンスは、このくらいで十分。これ以上の余計なことは言わなくても大丈夫です。

この後、男の子たちはさまざまな性的な知識をこれでもかというほど仕入れるようになってきます。そしてそれはかなりの割合で間違いです。

オチンチンのサイズ、包茎、早漏、避妊、性感染症などについて、また、セックスのやり方やテクニックについてなどなど……。嫌がる女性を思い通りにしてもいいとか、男性は女性を必ず満足させなくてはいけないとか、あり得ないことを真面目に信じ込んでいる彼らにあまり真面目にいろいろ伝えようと思うことはありません。実際に経験するのはまだ先のことですから、欲張らず、時に応じてできるだけオープンに話題にしていけるといいですね。

ママたちがよく心配することですが、それで「寝た子を起こす」ということはありません。性に関する正しい知識がふんだんに与えられるほど、性に関する慎重さ、責任感、相手を尊重する気持ちなど、性意識が興味本位のものから、大切にしなくてはいけない大事なことへと変わっていくのだそうです。

おとなでも間違って覚えている性知識はないでしょうか？　これを機会に改めて夫婦で勉強してみるというのはいかがでしょう。それで夫婦の性意識の違いも修正できるかもしれませんよ。

こうすれば伸びる！

おとなの入り口にさしかかった証拠。

おめでたいことで恥ずかしいことではない。

正しい知識をオープンに伝えよう！

なんでそんなもの持ってるの！

こんなふうに言っちゃうこともあるよね

そんなのどこで買ったの！
あなたにはまだ早いわよ！

部屋に入ったら、机の下にアヤシイ本が。カーッと頭に血が上り、どこで手に入れたのか問い詰めてしまいました。

なぜか家にあるアヤシイ本とＤＶＤ

年頃の息子の部屋でアヤシイ本やＤＶＤを見つけて驚くというのは、彼らが十代に入ると必ずと言っていいほど遭遇する事態です。母親には息子がまだ幼いと思い込みたい気持ちがあって、それと現実のギャップを目の当たりにすると、やはりショックを受けてしまうのですね。まあ、そんな母親の気持ちには全く関係なく、子どもたちはどこからか、いつの間にか、その手の本やＤＶＤを入手してきます。

わが家では息子が小学5年生の時、私の母が孫の布団を干してやろうと持ち上げたら、下からそのテの本が出てきたのが「その時」でした。「びっくりして腰が抜けるかと思った」という母から報告を受け、少なからず私もショックを受けました。でも母の手前冷静を装い、「知らん顔して元に戻しておいてやってね。これから布団は自分で干させようね」と言ったのを覚えています。

友人宅では、もうとっくに使っていないはずのランドセルに積ったホコリに、なぜか新しい指の跡がくっきりついていて、不思議に思って開けてみたらその中に本とDVDが入っていたそうです。息子がPCのアダルトサイトに接続したために、大量の迷惑メールが届くようになったとか、携帯のアダルトサイトから多額の請求が来た、などなど。この時期、このテのエピソードは数限りなく聞きました。

そっとしておくのが思いやり

思いがけない事態にカーッと頭に血が上るのはわからないではありませんが、この種のものに対しては「知らん顔」が母親の仁義だと私は考えます。どこからどうやってそんなものを手に入れたのか、追求したいところでしょうが、こういうものは男の子の間で不思議議と共有されるものなのです。

この種の本が道端や資源回収の日に捨てられていたのを、拾って回し読みしていたというのはよく聞く話。お兄ちゃんの持ち物から拝借して仲間に見せびらかすこともありますし、ママがムキになって出どころを追求したら、実はパパの秘蔵コレクションだった、という笑い話もありました。

新品の本やDVDが次々に見つかったり、貯金や家のお金を使いこんだりする場合を除き、そっと知らん顔でやり過ごしてあげましょう。

こうすれば伸びる!

知らん顔は母親の仁義。
出どころは追及しない。

貯金や家のお金が
なくなっていたり
しなければ
そっとしておこう。

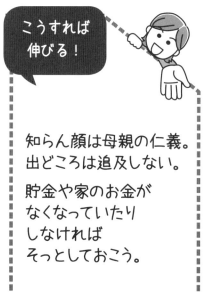

WORD 30

何そのヘンな声！

こんなふうに言っちゃうこともあるよね

最近なんだか毛深くなったよね～。
あなたからちょっとヘンな臭いがする。
すごいニキビだね、なんとかならないの。

息子と話をしていたら、急に声が裏返りました。
その様子が面白くて、笑ってしまったのですが、
息子はショックだったみたい。
これって声変わり、ですよね？

体に起きる大きな変化にとまどいが

十代に入ると、男女共に第二次性徴と呼ばれる体の変化が次々に起こります。男の子については、104ページで紹介した「精通」や「陰毛の発毛」などがその代表ですが、それ以外にもヒゲが生えたり、体が筋肉質になったり、声変わりが始まったりと、急激な変化が訪れるのです。そして、彼らはそのことにとてもとまどっています。もともと単純でノーテンキな彼らなので、周囲にそのとまどいが伝わりにくいのですが、ママが考えている以上に彼らは自分の中で不安と闘っているのです。

逆に赤ちゃんの時からわが子をかわいがってきたママの中にはおとなに近づいていく息子の変化についていけない人も。自分の息子の腕やスネに体毛が生えているのを見つけたり、衣類やシーツなどを洗う時になんとなく男臭くなっているのを感じたりすると、なんだか許せない気がしてしまいます。それは成長の証しで当たり前の事だと頭ではわかっていても、心が受け付けないのです。それで「何それ？ヘンなの」とからかったり、親子の遠慮のなさから

「ちょっと臭いよ」「すね毛が濃すぎるんじゃない？」などと直接的な言い方をするのでしょう。

ただでさえ大きな不安を抱えているのに、一番身近な女性であるママからからかわれたり、否定的な言い方をされたりすると、彼らの心にはその言葉が刃物のように突き刺さります。

彼らは大いに傷ついてしまうのです。

思春期男子の体の悩み

ママはそんなに気にするほどのことはないと思うでしょうが、思春期の男の子たちの体の変化についての悩みは、かなり深刻です。周囲の男性にリサーチしたところ、以下のような思春期の頃の体毛についての体験談を語ってくれました。

「腕に生えた毛が恥ずかしくて、夏もずっと長袖で通した」「へその下に毛が生えてきて、水泳の授業は全部休んだ。親にばれないように水着は水道で濡らして帰った」「修学旅行で同級生とお風呂に入るのがイヤで、仮病を使って休んだ」「朝ひげを剃っていくのに、午後部活が始まる頃にはもう生えていて、学校でも隠れてこっそり剃っていた」などなど。

体臭については「自己臭恐怖症」（自己臭症・自臭症とも言う）という病名があるくらい。これは男子に限りませんが、自分の体臭について指摘されたり、周囲の人が別の何かに対して「臭い」と言ったりしたのをきっかけに、自分の体臭が気になって落ち着いていられなくなるという心の病気です。一日に何度も入浴したり、何回も着替えたり、多量のデオドラント剤を使用したり、日常生活に支障が出るくらい対策に振り回されるようになると、専門家に相談する必要があります。

うちの近所に男子校のグラウンドがあったのですが、練習を終えた生徒のほとんどがデオドラントシートで体を拭いてから着替えていました。心の病気でなくても、彼らは体臭に気を遣っているのですから、「臭い」と直接的に言うのは避けましょう。

ニキビは「青春のシンボル」と言われるくらいですから、思春期に入り皮脂が急激に増加すると、男女共に経験するものです。そして、顔中にニキビが出ていても気にしない子もいれば、おでこにほんの数個できたニキビに大騒ぎをする子も。ニキビを気にしすぎてそれがストレスとなり、症状を悪化させ

ることもあるそうです。

もともとアレルギー体質を持っていると、ニキビがかゆみを伴い、寝ている間にかきむしってしまうこともあります。今はいい薬もあるようですから、あまり症状がひどかったり、本人が気にしていたりするようならニキビ治療を専門の一つに掲げている皮膚科を受診させましょう。

最後に声変わりですが、これについては突拍子もない音が息子の喉から飛び出してくると、つい「クスリ」と笑ってしまいたくなります。でも、本人にとっては笑いごとではありません。自分の声を自分でコントロールできないことに、かなり深刻に悩んでいる場合もあるようなのです。ふざけてやっていることではありませんから、からかうのは避けてみんなに起きることだと説明してやりましょう。

成長の喜びを大げさに

これら、思春期を迎えれば当然起きる体の変化について、男の子たちがどこから情報を得ているかというと、ほとんどが友だちからの口コミです。それが正しい知識ならいいのですが、中にはとんでもない情報も含まれるのが困りもの。

小学校の学習指導要領では、4年生の保健で体の変化について扱うことになっていますが、5、6年生の保健では「心の健康」「ケガ予防」「病気予防」にテーマが移ってしまい、もう扱われることはありません。中学校の学習指導要領にも「思春期には，内分泌の働きによって生殖にかかわる機能が成熟すること。また，成熟に伴う変化に対応した適切な行動が必要となること」を学習すると定められていますが、学習する内容は学校によって、取り扱う教員によって、一律ではないようです。

つまり、十代の男子には突然やってくる自分自身の体の変化について、正しい知識を得る機会が十分ではないのです。だからこそ、気にしないでいいことが気になるし、悩まないでいい事にひどくこだわることになるわけです。つまり、彼らは自分の体に起きていることが当たり前だとは思えず、ありのままを受け入れることができなくなっています。

105ページにも書きましたが、女子の初潮の訪れは家族でお赤飯を炊いて祝う習慣があるのに対し、男子の体の変化を祝うことはあまりありません。でも、男の子だって、体が着々とおとなになる準備を始めているということは、とても喜ばしいはず。

できるなら、間違った知識が先に入り込んでしまう前に、思春期に起きる体の変化についての正しい知識を伝えておきたいものです。先輩であるパパが語り部となって、子どもの成長に合わせた話をしてあげるのが一番なのですが、難しい場合もありますよね。その場合には、10歳前後の子どもたちに向けて書かれた体と心の変化に関する良質な本がたくさんありますから、子どもの目につく所にそっと置いておくといいでしょう。

こうすれば伸びる！

彼らは自分の体の変化にとまどっているのだから、からかわない、直接的に言いすぎない。

口コミで間違った知識を仕入れる前に、正しい情報を与える。

WORD 31

大きくなりたいなら全部食べなさい！

こんなふうに言っちゃうこともあるよね ▶ 食べないから大きくならないのよ！ちっとも大きくならないのは食べないせいよ！

小柄なうちの息子。大きくなるようにといろいろ献立を工夫するのに、ちっとも食べません。どうしたらたくさん食べるようになるんでしょうか？

食べたら大きくなる？

「ちっとも大きくならないね」（100ページ）の項にも書いたように、男の子は少しでも背が高いほうがいいという思い込みは根強く、小柄な男の子は周囲から「大きくなれ」と言われ続けて育つことが少なくありません。

そんな中、親が心に抱く「できるだけ大きく育ってほしい」という願いは、毎日の食事にも反映されます。「カルシウムが骨を育てる」と言われれば、同じような商品の中からパッケージに「カルシウム添加」「カルシウム強化」と書かれた商品を選びますし、水代わりに牛乳を飲ませようとしたり、肉も、魚も、野菜もバランスよく食べさせなくちゃ、と思いますよね。そうやって少しでも体の成長を助ける食材を使い、たくさん食べさせたいという親心、とてもよくわかります。

でも、そんなふうに材料を吟味し、手をかけた献立を「さあ食べろ」「残さず食べろ」と言わんばかりに食卓に並べられる子どもはどんな気持ちがするでしょうか。それはまるで「あなたは食べないから大きくならないのよ」「食べないからそんなに小さいのよ」と言われているようではないですか？

では、体というのは本当に食べたらその分だけ大きくなるのでしょうか？

体格には個人差があります。そして、それは後天的な生活習慣ではなく、先天的な遺伝の影響を受けることがとても多い個人差です。また、食事以外の睡眠、運動などの生活習慣が与える影響も無視できないものがあります。

それと同時に、食欲にも個人差があります。とてもたくさん食べる子と、食が細い子がいます。そして、たくさん食べる子は大きい、食が細い子は小さい、と決まっているわけではありません。小柄でもたくさん食べる子はいますし、大柄でも食が細い子もいるのです。

つまり、「食べないから大きくならない」のでも、「小さいのは食べないせい」でもないのです。でも、ついそこを勘違いしてしまいがち。

フードファディズム

フードファディズムとは、食べ物が健康や病気に

とです。

納豆で血液がサラサラになると言われたら、スーパーの納豆の棚がガラガラになり、あるヨーグルトでインフルエンザへの感染が予防できると言われれば品薄で手に入らなくなってしまった、などというニュース、記憶にありませんか。その他にもココアや寒天、バナナなどなど。マスコミ、特にテレビで「○○にいい」「○○に効く」と報道されればそれに飛びつき、しばらくして熱が冷めると見向きもしない、という現象が繰り返されています。

このフードファディズムに陥りやすいのは、圧倒的に女性だそうです。食生活を通じて家族の健康を守ることを責務と考える人は、口から体の中に取り込む食物に対して、とても熱心です。

しかし、冷静に考えればわかるように、何か特定の食材を摂取したことによって、体に劇的な変化が起きることはあり得ません。そんなに強い影響を及ぼすものがあるとしたら、それはもう食物ではなく、毒物や劇物に属するでしょう。また、そこまで強い影響がなかったとしても、特定の食材を食べ続ける与える影響を、誇大に評価したり信奉したりするこ

リスクの方が、得られるメリットよりはるかに大きいに決まっています。

体を作る要素として、アミノ酸が大きく働いていることがわかっていますが、このアミノ酸についても、単一のアミノ酸を過剰に摂取すると過剰毒性が見られるということがわかっています。特定のアミノ酸を摂取することに意味があるのではなく、必要なアミノ酸をバランスよく摂取することが大切だというのです。

子どもの成長が、何か特定の食材や栄養素に大きく左右されることなどありえません。しいて言うならば、さまざまな食材をバランスよく食べることにこそ、意味があるはずです。

お腹を空かせておいしく食べる

おなかがペコペコに空いた時、ほかほかと湯気を立てる食事を前にしたら、誰でもうれしい気持ちになるはず。ひと口食べるごとに「おいしいなぁ」「幸せだなぁ」と心から思えるのではありませんか?

でも、もしあなたがこう言われたらどうでしょう? 「これは○○○キロカロリーあってね、消費

するには○○分ジョギングしなくちゃいけないのよ」「それを食べると血圧が下がるわよ」「それを食べないと血糖値は下がらないよ」「体脂肪率を下げたいならこれを食べなさい」と……。いかがでしょう？　そう言われながら食べる食事はおいしく感じるでしょうか？　手の込んだ献立も、苦い薬のように感じてしまうのではないでしょうか？

子どもにとっても、「これを食べないと大きくなれないよ」「これを食べたら背が伸びるよ」と言われながらの食卓は、とても楽しいとは思えません。

実際、母親が毎回手の込んだ献立を揃えて、残さず食べるまでじっと見られているという中学生から「夕飯が苦痛なんだ」と聞いたことがあります。彼の母親は食の安全に非常に神経を使っている人で、おやつも含め、子どもの口に入るものはすべて手作りで通してきたとか。年頃になった彼は友だちとファストフードも食べてみたいし、コンビニでスナック菓子の買い食いもしたいのだけれど、そんなことはとても言いだせないそうです。

別の子は、足りない栄養素があるからと、毎日手のひらいっぱいのサプリメントを飲まされていると言っていました。果たしてそのうちのどのくらいが彼の成長に役立っているのでしょうか。

せっかく家族が集う食卓では、その日あったことを互いに話しながら、楽しく、おいしく食べることを大切にしませんか？　そうやって食べたものは、どんなものでも心と体の栄養になるはずです。

たとえ今少食だったとしても、ほとんどの男の子たちには心配になるくらいたくさん食べる時期がやってきます。残さず食べた、これだけしか食べなかったと一喜一憂するのではなく、楽しくおいしく食べられたかどうかを大事に考えませんか？

こうすれば伸びる！

食べたから大きくなる、
食べないから小さい、
ということではない。

フードファディズムに
陥らないように
気をつけよう。

食卓は楽しく、
食事はおいしく、
を一番大切に。

WORD 32

友だちいないの？

こんなふうに
言っちゃうことも
あるよね

あなたの友だちって何人ぐらいいるの？
あなたは誰と一番仲がいいの？
クラスで誰が一番人気があるの？

家で友だちの話を全然しません。
心配になって、「あなたには友だちいないの？」
と聞いたら、ものすごく不機嫌になりました。

「友だち」という言葉の重み

親ならば、わが子にはいい友だちに恵まれてほしいと願わずにはいられません。「うちの子には友だちなんかいらないわ」という人はいませんよね？

その理由の一つは、いい友だちに恵まれた人生は幸せだからです。私もこれに異論はありません。学校でも、職場でも、一人ぼっちで過ごすより、いい仲間がいれば二倍も三倍も楽しめるというのは、間違いのない事実です。

私自身もそれは実体験済み。人生の各ステージで出会った友人たちは、間違いなく私の人生の大切な一部でした。小学校時代、中学時代、高校時代……と振り返る時、それは仲のよかった友人たちと共に思い出されます。また、楽しいことだけではなく、辛いこと、苦しいことなども、いっしょに泣いたり笑ったりできる友人たちがいたからなんとか乗り越えられた、ということがあったのも確かです。

親として、自分の人生経験に照らし、子どもには「いい友人」ができるようにと願うのは当たり前といえば当たり前ですよね。

でも、親が子どもに「いい友だち」をたくさん作ってほしいと願うには、別の理由もあると考えています。そして、それが子どもたちを追いつめているのではないかと思うのです。

それは「いい友だちが多い子ほどいい子」だという思い込みです。

子育てというのは、労が多いにも関わらず、それを周囲から評価してもらいにくい営みです。また、自分の子育てが間違っていないかと不安を抱きつつ、迷いつつ子育てをしている中で、わが子がちゃんと育っているかどうかを測るための、何か指標になるものがほしいという気持ちもあります。そしてその指標がわが子の「いい友だちの数」に、簡単にすり替えられがちなのです。

子育て中の親は「いい友だちがたくさんいるのがいい子」、逆に「いい友だちが少ない子は悪い子」という思い込みに簡単に囚われてしまいます。そしてこの思い込みは親だけでなく、子どもたち自身にも、それを取り巻く人たちにも広がり、今は子どもをめぐる定説となりつつあるのです。これは誠にやっかいな状況だと思っています。

子どもたちの成長過程では、友だちとの関係がどうしてもうまくいかない時期があります。同級生が自分よりひどく幼く見えたり、ずるく見えたりして、一人でいる方が楽だと感じることもあるでしょう。群れている同級生に自主性がないような気がして反発を感じ、一人でいたいと思うこともありますよね。「いじめ」という形で、友だちの輪から理不尽にはじき出されてしまうことだってあるでしょう。

そんな時、子どもたちはこの「お友だち伝説」によって、こうなってしまったのは自分に何か問題があるのではないか、自分が悪い子だからではないかという、必要以上の劣等感、コンプレックスを抱くようになってしまうのです。

そういう背景があって、「友だち」というのは思春期の子どもたちにとって、とても重たい言葉になってしまいました。友だちとの関係がうまくいっていればいいのですが、うまくいかずに悩んでいる時、無神経に「友だちいないの？」なんて聞かれたら、その質問が心に深く突き刺さってしまいます。

また、親が望む友だちというのは誰でもいいわけではありません。友だちは「いい友だち」でないといけないという制限も、子どもたちにとって「友だち」を重たい言葉にしてしまっています。解説するまでもなく、ここでの「いい友だち」は、おとなにとって都合のいい友だち、おとなの目から見ていい子ということです。

「いい友だち」とは？

でも、わが子が比較的「いい子」だったとしても、「いい子」とだけ友だちになるとは限りません。友だちを選ぶ時には自分と同じタイプの子だけでなく、自分にないものを持つ子にもひかれるものだからです。そして十代の男の子たちがいっしょにいて楽しいのは、「いい子」とは逆のタイプ。先生の言うことを素直に聞かず、いけないことをあえてやり、結局「ほれ見たことか」と叱られてもケロリとしているような子は、子どもたちにとても人気があります。

子どもの友だちに望む条件を「いい子」に限るべきではありません。おとなから見てどんな子でも、子どもにとっては大切な友だち。おとなから見たら「ちょっと…」と思うような子でも、その子のことが大好きで、いっしょにいて楽しい気持ちになるの

なら、それはわが子にとって「いい友だち」です。

友だちのふりだってする

「お友だち伝説」に対して、十代ともなると、子どもたちもそれなりに対策を考えるようになります。

そのひとつが「友だちのふり」をしたりさせたりするということ。別にいっしょにいて楽しくないけれど、友だちがいないとおとなたちがうるさいし、自分に何か問題があると思われるのは嫌なので、仕方なしにいっしょにいて、仲のいいふりをする、ということが実際に起きています。

ふんだんにお小遣いを与えられている子が、周りの子に「ジュース買ってやる」「ゲームを貸してやる」などともちかけて、友だちになるよう暗に強制することもあります。こうして誘う側もいれば、その誘いに乗る側もいるわけです。彼らは計算ずくで、友だちとして振舞うことを決めているのです。

いっしょにいればとてもラクチンでいられて、楽しめるし、頑張れるのが友だち。でも、そういう本質とはかけ離れた形で「友だち」がひとり歩きしています。そしてその元凶になっているのが、「友だちいないの?」「友だち何人できた?」といった、周りのおとなからのプレッシャーだとしたら……。これらはおとなが子どもに向かって気軽に口にすべき言葉ではないことがわかりますよね?

友だちは趣味のコレクションとは違います。数を競ったり、その客観的な質を競ったりするものではないはずです。その問いの裏側に自分の子育ての良し悪しを何かで測りたいという欲求があるのだとしたら、それは間違ったやり方。

子どもの友だちの数はその子の良し悪しや、子育ての質を反映しません。

子どもの友だちは
どんな子でも宝物。

子どもの友だちの数は
子どもの質や
子育ての質を反映しない。

WORD 33

ケンカしないで仲よくしなさい！

こんなふうに言っちゃうこともあるよね

▶ またケンカしたの？
いつになったらケンカをやめるの？
友だちとうまくやってよ！

小学校も高学年になったというのに、ケンカがおさまりません。しょっちゅう友だちとケンカして、ケガをして帰ってきます。どうしたらやめさせられますか？

男の子はケンカするもの

異論があるのは承知していますが、私は「男の子はケンカするもの」と考えています。それは3歳でも、十代でも、二十代でも、あまり変わりません。もちろん、全員が必ずケンカするというわけではありません。穏やかなタイプの男の子で、取っ組み合いとは無縁ですくすくと成長することだってありますから、ケンカしないとちゃんと育たないということはありません。念のため。

ただ、ママたちに繰り返し言っているのは、ケンカは悪、と決めつけないでほしいということです。女の子同士でケンカすると、取り返しのつかない行き違いに発展することが多いけれど、男の子同士はケンカをすることによって仲よくなることが少なくないからです。あまり親しくない男の子同士が、一番簡単に仲よくなる方法がケンカだといっても言い過ぎではありません。

男の子たちも思春期に入るとさらに好き嫌いがはっきりしてきて、未熟ながらも自分の価値観も持ち始めます。でも意見や感情の行き違いを言葉で埋めていけるほどおとなにはなっていない彼らには、取っ組み合いのケンカしか手段が残っていないこともあるのです。体と体をぶつけてケンカすることによって、言葉でのコミュニケーションよりずっと深く、互いを知り合うことができる場合もあるのです。

俳優の中野英雄さんは16歳の時、3つ年上の哀川翔さんに初対面でコテンパンに負けて以来、ずっと兄弟のような関係が続いているのだそうです。たった一度のケンカが一生続く関係になりうるなんて、女同士ではちょっと考えられませんよね。

正直に言わないから

ケンカをした時に、本人が「ケンカしてきたよ」と正直に言うことはまずありません。でも、ママたちは勘が鋭いので、体のケガ、衣服の汚れなどで「ケンカかな？」という見当はつけられるかもしれませんね。その時に、傷ついたわが子がかわいそうで、感情的になって「何があったの！」と正面から問い詰めるのは避けたほうが賢明。問い詰めて正直に話すことはまずありませんし、こちらの感情が高ぶっている分だけ、真実は隠される傾向にあるからです。

こんなことを書いている私ですが、実は息子がケガをして帰って来た時に、これでもかと問い詰めたことがありました。母親の本能なのでしょうか、まだ血も乾かない傷だらけの息子を見て、頭にカーッと血がのぼってしまったのです。「何があったの！」「誰にやられたの！」と矢継ぎ早に問い詰める私に、黙り込む一方の息子。結局その時に彼から何も聞き出すことはできませんでした。ママ友情報と後日遊びに来た息子と友だちとの会話から、その真相を知ることはできたのですが、本人とはそのことについていまだに話さないままにきています。その後はこの反省を生かし、自分から話すまで根掘り葉掘り聞くのは控えるようにしたのです。

「何かあったの？」と聞いて「別に」と答える、もしくは何も言いたがらないなら、感情的に問い詰めずに、「話してもいいって気分になったら言ってね」と伝えてしばらくそっとしておきませんか。

明らかないじめや、集団から一方的な攻撃を受けたと思われる場合を除き、本人も気持ちの整理がついていないケンカの当日に大騒ぎをしたり、無理やりいろいろ聞き出そうとしたりしないことです。

1～2日の時間を置き、落ち着いたところを見計らってオヤツでもいっしょに食べてみましょう。その時にポツリポツリとではありますが、意外に素直に経緯を話してくれたりするものです。その時も「それで?」「それから?」といった詰問口調は厳禁。ただ「へえ」「そうなんだ」と聞き役に徹しましょう。もし彼らが「忘れた」と言うならそれもウソではありません。終わったことはケロリと忘れるのも男の子。そのくらいなら大したことではなかったのです。

また、本人がようやく話す気になったのに、「後にして」「今は忙しいのよ」と、先延ばしにするのは厳禁。彼らが話し出したタイミングが、何を置いても耳を傾けるべき時です。

こだわり？　正義感？

ケンカといっても、十代にもなると彼らは彼らなりにケンカをせざるを得なかった理由を持っているもの。「ケンカはダメ」と頭から否定せず、彼らの言い分に耳を傾けることも必要です。相手のすることを許せないのは、それだけこだわりが強く、正義感があるということの証明でもあります。行き違いを解決するのに、暴力に訴えることを正当化するわけではありませんが、彼らの中にそうせざるを得ないものがある以上、「ケンカはダメ」と言ったからといって、それを素直に聞いてくれるとは思えません。

ケンカには相手がいますから、先方の親ごさんとの関係も大切にしなくてはなりません。元々親しい相手なら喧嘩両成敗、お互いさまで済むことも、相手によってはそれでは済まないこともあります。

万一話がこじれた場合にも、親同士の関係修復を優先しないこと。本人たちが後腐れなく仲よくしているなら、親の出番はないと心得ましょう。

ケンカをして、傷を作って帰ってきても、その後何事もなく元気に毎日を過ごしているのであれば、特に心配することはありません。その時の判断基準になるのは食欲と睡眠。しっかり食べて、ぐっすり眠っている様子なら、まず心配はありません。

ただ、ひんぱんにケンカをすると言っても、毎日のように衣服を汚し、傷だらけで帰ってくるとなると、ちょっと心配ですね。食欲が落ち、笑顔が消えてしまっているようならかなり深刻です。

その場合もわが子に直接聞いても正直に答えてはくれません。そんな時は、周囲のママたちにリサーチを。特に女の子のママに聞いてみると、比較的正確な情報が手に入ります（ただし、伝え聞いた話を鵜呑みにはしないこと）。

明らかないじめがあるとわかったら、そう悠長なことは言っていられません。場合によっては力づくでも相手と引き離し、子どもの安全を優先することも大切です。

いじめに対する対処については、126ページ以降にくわしく書きましたので、そちらも参考になさってください。

こうすれば伸びる！

ケンカはコミュニケーション。無理やりやめさせる必要はない。

自分から話すまで、聞き出そうとしない。

一方的にやられているようなら、周りのママたちにリサーチを。

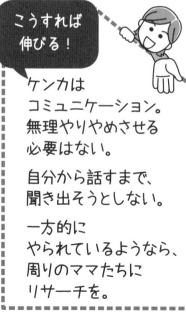

WORD 34

いじめられてるの？

こんなふうに言っちゃうこともあるよね ▶ いじめられてるんじゃないでしょうね！いじめられてるならすぐに言いなさいよ！

最近学校から帰ってきても元気がありません。朝もいやいやながら登校していくという感じ。もしかしていじめられているのかもしれないと思うと、心配でたまりません。

いじめ件数急増？

文科省の実施した平成28年度「児童生徒の問題行動・不登校等生徒指導上の諸課題に関する調査」によると、学校でのいじめが９万８０００件あまり増加し、32万件にも上ったとのこと。

ただ、この急増の背景には、ふざけ合いやケンカなど、軽微なものも積極的に報告するように求めたということがあるようです。

そして、この調査によると、認知されたいじめの約９割は、その後解消しているとのこと。

何をいじめとし、解消されたとするのか、もう少し細かく見る必要はあるでしょうが、日本の学校で、いじめは決して珍しいことではないこと、そして周囲に認知されたら、解消する可能性が高い、ということは言えると思います。

いじめられていても言わない理由

いじめによる自殺に追い込まれたお子さんの親ごさんが、どうしていじめられている事に気付かなかったのだろう、どうして打ち明けてくれなかったのだろう、と悔やむ姿には胸が痛くなります。でも、十代の子どもたち、特に男の子たちは、自分からいじめられていると訴えることはまずありません。

その理由は、①親に騒がれて事態がこじれるのを恐れる、②ふだん反発している親に頼りたくない、③親の期待を裏切りたくない、④自分でもいじめられていることを認めたくない、など。

子どもが言わないのなら、ふだんから周囲の保護者や教師との関係を密にして「何かあったら教えてね」と言える相手をできるだけたくさん作っておくことです。そしていじめられているという情報が耳に入ったら、事実を冷静に把握することに努めましょう。担任に相談して力を借りることも大切です。おとなたちが知恵を出し合って対処すれば、9割のいじめはいい方向に向かうのです。

悪質で暴力的ないじめのターゲットになっているとわかったら、一刻も早くそこから遠ざけることが必要。これは逃げることではありません。いじめのターゲットが固定化することはまれで、時間が経てば簡単に立場が入れ替わることも。一時的に距離を置くのは、正しい対処法の一つなのです。

いじめは珍しいことではない。

いじめは本人の口からは語られない。

事実を冷静に把握し、知恵を出し合って対処を。

一時的に距離を置くのも正しい対処法のひとつ。

WORD 35

いじめてるの？

こんなふうに言っちゃうこともあるよね ▶ いじめてるんじゃないでしょうね！あなたがいじめの犯人なの？

同級生の男の子を集団でからかっている中に、うちの子がいました。自分の子がいじめる側にいるなんて、とても許せません。

いじめざるを得ない気持ち

'12〜'13年に実施された特定非営利活動法人「ジェントルハートプロジェクト」の調査によると、小学生の約半数がいじめを経験したことがある、約4割がいじめたことがある、と答えています。そして、小学生の4人に一人が、両方の経験を持っているということもわかりました。

また、いじめ加害者のうち、約7割が「いじめをしていた頃、自分も悩んだりつらかったことがあった」とも答えています。

何十年もの間、いじめが問題だと言われながら、根本的な解決が見られないのは、一体どういうことなのでしょう。

精神科医の香山リカさんは、「いじめる側の心も追い詰められている」と言います。いじめている側の人間をかばうのか、という反発もあるようですが、私はこの説にとても納得できます。

何も理由がないのに、毎日顔を合わせる友だちをとことんいじめ抜くことなどできるわけがありません。いじめる側も、いじめざるをえない不安、何かから痛めつけられた経験を持っているのではないでしょうか。

わが子がいじめているとわかったら

わが子がいじめる側にいるとわかったら、自分の気持ちの中に芽生えてくるさまざまな「言い訳」と戦う勇気を持つことが必要です。「子ども同士の事だし」「うちの子には悪気がないから」「いじめられる側にもいじめられる理由があるのよ」「うちの子だけじゃないし」などなど。わが子かわいさの言い訳は山ほど思い浮かぶに違いありません。

でも、いじめられている子を前にして、その言い訳には力も意味もありません。

わが子が相手の子をいじめているということを知ったら、とにかく詫びることです。わが子がいじめたことに対して、それに気付かなかったことに対して。その時に「けど」は絶対に言わないこと。「ごめんね。けどうちの子も……」と続けた途端、相手には言い訳しか伝わらないからです。わが子に親が謝る姿を見せることは、どんなお説教より心に響くはず。もちろん、わが子の心にある「追い詰められている部分」にきちんと対処するのも親の仕事です。

こうすれば伸びる！

小学生の４割がいじめる側を経験する。

心に浮かぶ言い訳と戦う覚悟を。

親が相手に謝るところを見せる。

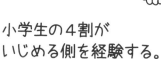

WORD 36

あんな子と付き合うのはやめなさい!

こんなふうに言っちゃうこともあるよね ▶ ○○くんって評判悪いね〜。あの子と付き合ってあなたは悪い子になったわね。

最近になって、息子があるクラスメートと急接近。評判のよくないお兄ちゃんがいる子で、服装も不良っぽく、悪い影響を受けないかと心配です。

子どもの色がはっきりしてくる時期

小学校に入学したばかりの頃は、体格には差があっても、みんな同じ一年生。整列した姿を見ても、初々しくてかわいくて、周りからはどの子も似たように見えたものです。

それが高学年から中学へと進むにつれ、子どもたちの個性がはっきりと表面に出てくるようになります。特に小学校には私服で通うこともあり、服装や髪形、持ち物などにそれぞれの好みが反映されて、同じ4年生、5年生でもずいぶん違うものだなあと思わされるようになってきます。年上のきょうだいの影響でしょうか、おとなの目から見たらずいぶん不良っぽいなぁと感じる服装を好む子もいて、つい「あんな子とは友だちになってほしくないなぁ」と、心の中でつぶやいたりもしますよね。

「友だちいないの?」の項(118ページ)にも書いたように、親は子どもに「いい友だち」がたくさんいてほしいと願うものです。でも、その「いい友だち」は必ずしも子どもにとっていっしょにいて楽しい友だちではありません。逆に、子どもたちはおとなの目から見たら「ちょっとなあ」というような子と仲よくなりたがるものなのです。

親としては「あんな子のどこがいいの！」と言いたくなるような子とわが子が急接近していると知れば、内心おだやかではいられません。悪い影響は受けてほしくないし、ヘンな仲間に取り込まれて取り返しのつかないことになったらどうしよう、という心配もあるでしょう。

友だちを否定されるのはとても辛いこと

わが子には勤勉な努力家で、成績も性格もいい子と友だちになってほしいという気持ちはわからないではありません。でも私の経験に照らすと、親に「悪い子とは友だちになってほしくない」というこだわりが強ければ強いほど、子どもってそういう子と友だちになりたがるようなのです。

小学校高学年や中学生にもなれば、子どもの友だち関係に親が介入できる余地はどんどん狭くなっていきます。送り迎えなどしなくても勝手に約束して遊びに行きますし、一旦家から外に出たらどういう子とどんなふうに遊んでいるか、わからない部分は

増える一方。でも、それが当たり前だし、そうやって少しずつ独り立ちの準備を進めていくのが十代の10年間というものなのです。子どもが自分で選ぶ友人関係に、親が割って入ってあれこれ言うのは完全に度が過ぎています。

家族だんらんの食卓で、「あの子と付き合うのはやめろ」「あなたの友だちの○○くんって評判悪いよ」「あの子と付き合ってからあなたはどんどん悪い子になってるわ」などと言われる子どもはたまったものではありません。悪い子でも、ヘンな子でも、選んでいるのはわが子です。友だちに対する批判や非難ではなく、なぜわが子がその子にひかれるのか、考えてみる必要はないでしょうか。子どもの成長を無視し、その子の性格も、求めているものも無視して、かたくなに「理想のわが子」に近づけようとし過ぎていないでしょうか。

十代に至るまでの10年間もそうですが、十代の10年間は、親がより柔軟に子どもに対応することが求められる10年です。これまではなんだかんだ言っても親が子どもの世界を把握し、親が望む方向へ導いていくことができました。しかし、ここからは彼らが自分で自分の世界を少しずつ広げて行く時期。親の凝り固まった価値観ではコントロールできなくなっていくのです。

親の方でそれを認識することができず、今までどおりに子どもを操ろうとしたら、必ず失敗します。「付き合うな」と言われれば言われるほど、磁石が反発するように子どもは親の手の届かない所へ離れて行き、親が望まない個性に引き寄せられていってしまうのです。

「あれはダメ」「これもダメ」「あの子もダメ」と、子どもが選ぶもの一つひとつに文句を言っていたら、子どもというタコは自ら糸を切り、大空に飛び出して行ってしまいます。親の拘束から自由になりたいと思い始めた子どもたちを、親の価値観で縛りつけようとするのはやめましょう。ゆったりとしたゴム紐くらいの感覚で、伸び縮み自由にしておき、いざという時には引き寄せることも、自分から戻ってくることもできるぐらいでちょうどいいのです。

また子どもの人間関係に、親のそれが反映されるようなことはできるだけ避けたいものです。親同士が仲よければ子ども同士の付き合いをゆるやかに見ていられるけれど、「あの人はちょっと」というような親の子どもと仲よくするのには抵抗を感じてしまうということ、ありませんか？

冷静に考えれば、また、子どもと自分の立場を置き換えてみればわかることですが、親の人間関係と子どものそれとは別に考えましょう。

まるごと仲よくしてしまう

私自身、十代の頃に大荒れに荒れた時期を経験したことがあります。母が「あんな子と付き合うのはやめなさい！」と私の友だちにいちいち口出しをしているうちに、当の私がよその親御さんに「あの子と付き合うのはやめなさい」と言われるような子になってしまったのです。

その時の経験から言えるのは、子どもの友だちは絶対に否定してはいけないということ。そして「ちょっとなぁ」と思うところは直接その本人に言うことです。「どんな子でも、友だちはわが子にとって宝物」という視点を失わずにいれば、その子のいいところが見えてきます。私たち夫婦の間では、それだけは徹底していて、そのおかげかわが家には子どもたちの友だちが次々にやってきます。友だちが私に直接連絡を寄越し、ご飯を食べに来て、そのまま泊って行くことも珍しくないのです。

彼らには、うちの子たちと同様に悪いことは悪いと言うし、ダメなことはダメと言います。「悪い子」なのではなく、「悪いこと」をしたり言ったりするだけなのですから、その部分をきちんと指摘すればそれでいいのです。

子どもの友だちは私たちにとっても大切な友だち。そんなスタンスで付き合っていると、みんなかわいく思えてくるものですよ。

こうすれば伸びる！

「悪い仲間」「変な子」にひかれるのは「わが子」。

気になる友だちは遠ざけるのではなく、親もいっしょに仲よくしてしまう。

悪い子はいない、悪いところは指摘する。

WORD 37

好きな子いるの？

こんなふうに
言っちゃうことも
あるよね

あなたは誰が好きなの？
ああいう子がタイプなの？
あの子のどこがいいの？

ママ友から「○○ちゃんと○○くんが両想いらしい」などという情報が入ってくるようになりました。うちの息子もそろそろかと思って聞いてみたのですが、突然不機嫌になって部屋に入ってしまいました。

何も知らなくて不安

十代になると、男の子たちは淡い恋との出会いも経験します。これは幼稚園の頃に担任の先生に憧れていたような幼いものとは少し違う、異性に対するはっきりとした「好き」という気持ちです。

小学校高学年ぐらいだと、女の子の方がはるかにおませ。彼女らは友だち同士で互いの恋心や恋の進展の一部始終を打ち明け合い、それで友人関係を深めて行きます。女の子たちが友だちの「恋バナ」で盛り上がり、一体感を深めて行くのはママたちも経験してきた通りです。

その「恋バナ」は、人から人へとわりと簡単に伝わります。誰が誰の事を好きか、バレンタインデーに誰が誰にチョコをあげたか、それで誰と誰が付き合い始めたか、誰と誰はどこにデートに行ったか……などなど。女の子同士で話された秘密はママに伝わり、ママの口からママ友に伝わるわけです。

「うちの子はまだ恋愛とは無縁」とのんびり構えていた男の子のママは、同じ年頃の子を持つママたちから「告白」だ、「デート」だという言葉が出てくることに驚くばかり。そして、自分がまったく気付かなかったことにショックを受け、「まさか、うちの子も？」と、大きな不安にさいなまれます。

それで、家に帰って息子に「○○ちゃんと○○くんは付き合ってるって聞いたけど本当？」「○○ちゃんは○○くんに告白したんだって」と、仕入れたばかりの裏情報をひけらかしつつ、こう質問するのです。「あなたにも好きな子がいるんじゃないの？」と。

口は閉ざされる一方

十代で恋心が芽生えると言っても、○歳の誕生日が来たらその日に一斉に恋のつぼみが開くわけではなく、桜の開花前線のように、早い子と遅い子の間には、かなりのタイムラグがあるものです。小学校4年生で女の子と「公園デート」くらい経験する子もいれば、高校生になるまでそういうことに一切関わりがなく、恋心はあってもお付き合いには縁がないという子もいます。

「あなたにも好きな子がいるんじゃないの？」という質問は、興味がない子にとっては何を聞かれているのかわからないし、逆に具体的に好きな子がいたとしても絶対にママには答えません。

男の子が女の子とは違うところは、人の秘密を簡単に誰かに話したりしないところです。彼らにとっては、秘密は守られるべきものであって、噂のタネにして共有するものとは違います。

また、彼らは少しでも人より優位に立ちたいという本能を持っています。自分や友人の弱味になるようなことを、軽々しく他の誰かに口にすることもありません。からかわれるネタになるようなことを、自ら打ち明けるはずがないのです。

そういうわけですから、彼らは誰かのそういう大切な話を得意そうに語るママに非常に強く反発し、軽蔑するということも知っておく必要があります。女同士で噂話を楽しむようなやり方は、息子には通用しないのです。彼らには、自分がママに話したことは、ママから他の誰かに軽く語られることが予想できます。絶対に口を割るはずがないのです。

つまり、この年頃の男の子に「好きな子いるの？」と質問しても、まったく意味がありません。質問が理解できない、もしくは理解できても絶対に答えません。しかもその上にママに対する反発、軽蔑までオマケについてくるとしたら、興味本位や不安の解消を求めて質問するには代償が大きすぎませんか？

もしかして……と思ったら

「ウソばっかり」（8ページ）にも書きましたが、男の子はウソや隠し事がとてもヘタクソです。ママにバレないようにと思っても、「ヒヨコのかくれんぼ」のように、しっぽが見えてしまうもの。それまで全然身なりを気にしなかったのに、髪型や着るものを気にしたり、友だちと遊びに行くと言いながら、その友だちの話がちっとも出てこなくなったりしたら、そろそろそういう時期かも。

その場合にも、「誰かと付き合ってるんじゃないの？」「どんな子？」と質問攻めにするのは、先ほどのように答えは得られず、反発と軽蔑だけが返ってくるのでおすすめしません。

ただ、ここが「女の子とのお付き合いのマナーとルール」について、きちんと話すのに最適なタイミング。彼らの恋愛に踏み込んでいくのではなく、ママ自身の体験談や一般論として話しておきましょう。

たとえば男の子って好きな女の子ができると、

ガキのころは好きな子がいてもからかってばかりで嫌われてさー
男子ってそうだよねー
女子はやさしい子が好きなのに
ピク
ピク

ちょっかいをかけたり、からかったりするものです。男の子同士はそうやって親しくなっていくので、彼らは女の子に対しても同じ方法が通用すると思い込んでいます。でも、兄や弟がいて男の子の生態をよくわかっている子ならまだしも、女の子にはちょっかいをかけてもあまりいい結果にはつながらないことを伝えておく必要があります。

　また、女の子を大切にすることについては、ぜひママの口から教えてあげてください。まず「相手が嫌がることはしない」のはすべてに優先する大原則。そんなの当たり前、と思うかもしれませんが、男の子同士の会話では「たとえ女の子が嫌がっても、もうひと押しすれば思い通りになる」などという、男性本位の恋愛セオリーがまことしやかに語られているものです。確かに好きな子に嫌われたくない女の子は、嫌な事でも我慢して従うことがあります。ママ自身やママの友人の経験に、好きな人のために自分の本当の気持ちを隠してお付き合いしていたというようなことがあったら、できるだけ具体的な例をあげて話して聞かせましょう。

　さらに、休日の食卓でパパとママの恋愛に関する思い出話をするというのはどうでしょう？　パパとママが自分たちの息子と同じ年頃だったときの片思いのこと、初めての男女交際のこと、パパとママが交際していた時の思い出など、彼にとってヒントになるようなエピソードを語り合ってみましょう。きっと表面的には興味がないフリをしながらも、心の中では「耳ダンボ」になっているはず。ママがパパ（彼氏）にしてもらってうれしかったこと、逆にされてイヤだったことなどを、かしこまって「お付き合いの仕方を教える」のではなく、思い出話として語り聞かせてあげられるといいですね。

こうすれば伸びる！

「好きな子いるの？」と聞くのは無意味。

そろそろかな？と思ったら「女の子とのお付き合いの仕方」をちゃんと教える。

ママやパパの思い出話として語ると伝わる。

WORD 38

女々しいわね！

こんなふうに
言っちゃうことも
あるよね

男のくせに！
女の子みたいなことやめなさい！

もう10歳も過ぎて、体も大きくなってきたのに、ぬいぐるみが手放せないし、何かあるとすぐにメソメソするのです。男の子のくせに、こんなことで大丈夫かと不安になります。

男の子は○○だという決めつけ

私は基本的に男女には差がある、と考えています。そして、この本もそれを前提に書いています。

男の子は単純で、じっとしているのが苦手で、ウソがヘタ。競争が好きで、機械やシステムが大好き、失敗を恐れずになんにでもチャレンジする。それに対して、女の子は物静かで、機械より人形やぬいぐるみを好み、人との和を大切にする。そういう傾向があることは、さまざまな研究の成果として確かめられてきています。

ただ、これはあくまでも全体を通しての傾向ということであり、すべての人に当てはまるわけではありません。単純で活発な女の子も、物静かでぬいぐるみを好む男の子もいますし、そういう子が異常ということではありません。

「男の子なのだから、○○でなければならない」というふうに、自分を曲げて全体の傾向に合わせなければならないようなことは、絶対にありません。でも、日本語の中には古くから「女々しい」「男らしい」「男のクセに」などといった表現があり、男の子たちは無言のプレッシャーをかけられるのです。
親も男の子がいつまでもメソメソしていたり、女らしいといわれるようなしぐさや話し方をすることに対して、反射的に「これは正しく直さないと」と思ってしまうところがありますよね。

持って生まれたものは変えられない

たまたまその子が持って生まれた個性、性格、好みが女の子っぽいからといって、周囲がそれに対して「やめろ」「直せ」ということはありません。
ただ、女性らしい振る舞いを好む男の子の中には、少数ではありますが「性同一性障害」を抱えている子がいます。生まれ持った自分の体の性と、心の性が一致しないというのは、ただでさえとても苦しいこと。そういう場合には、専門家に相談することをおすすめします。親としても受け入れるのが難しいことだとは思いますが、その心の葛藤も含めて、力になってくれるはずです。
いずれにしても、現実の子どもの姿についてあれこれ思い悩み、自分の思い通りにしようと考えるより、自分自身のこだわりや価値観を見直すよい機会ととらえられると、前向きに考えられます。

こうすれば伸びる！

男らしくない男の子もいて当たり前。

持って生まれた性格や好みを変える必要はない。

子どもを変えるより、親の価値観を見直そう。

WORD 39

ママはあなたが恥ずかしいよ！

こんなふうに言っちゃうこともあるよね ▶ あなたはわが家の恥だよ！そんな恥ずかしいことしないで！

うちの子がつい最近、近所のスーパーでお菓子を万引きしました。夫の両親には育て方が悪いと責められるし、近所ではウワサになるし、本当に恥ずかしくてたまりません。

「自分の子が恥ずかしい」という感覚

もう70年以上も前に、アメリカの文化人類学者、ルース・ベネディクト女史によって書かれた「菊と刀」という本があります。これは日本とアメリカの比較文化についての本。当時アメリカと戦闘状態にあった日本は敗色濃厚で、降伏は目前でした。アメリカの軍部は、日本を降伏させた後でどんなふうに統治していくかを、研究者に委託して調査させていたのです。ベネディクト女史は委託を受けた一人で、その研究成果を一冊にまとめたものがこれです。

彼女は欧米の文化を「罪の文化」、日本の文化を「恥の文化」であるとしました。

キリスト教を中心とした宗教的な規範で営まれる社会は、神の怒りを恐れ、教義に定められた「罪」を犯さずに生きることを求められます。何か悪いことをした時に、人は罪の意識にさいなまれるのです。

それに対して日本では、仏教や神道などさまざまな宗教が生活に根付き、赤ちゃんが生まれたら神社にお宮参りに行き、死んだら仏教で葬儀をとり行うというふうに、一人の人生の中に複数の宗教が関わっています。そこで規範となるのは、自分が属す集団の中でどう評価されるかを第一に考える「恥」の意識です。これは、日本が基本的に農耕中心の社会で、別の集落に移り住むということが少なく、属する集団が固定していることも影響しています。

戦後70年以上が経ち、少しは緩やかになってきたとはいえ、私たちの中にこの恥の意識が深く根付いているのは確かです。

誰に対して恥ずかしいか

「恥ずかしい」と言うからには、何に対して恥ずかしいか、恥ずかしいと感じる対象があります。昔は「村」を単位とする集落のメンバーがその対象。自分が一生を暮す集団、何十年も付き合いが続く相手だからこそ、目立たず、恥をかかず、うまく立ち回る能力が求められるのです。それに反すると「村八分」という仕打ちも待っていました。

現代の日本だと、「村」のように固定して動かないのは親戚関係、転勤や転居でも関係が途切れない会社の社宅、簡単に引っ越せない分譲マンションや分譲住宅のコミュニティがそれにあたるでしょうか。

たとえ自分が望んでも、容易に縁が切れないつながりというのが、「恥」の対象となるのです。

またその「恥」の基準は属する集団によって微妙に異なります。

私が親しくしていたママ友のお舅さんは、兄弟5人全員が東大卒という方でした。大学に進学する人自体がごくわずかだった世代ですから、兄弟5人全員東大卒というのは相当な特権階級だったでしょう。そして遺伝子の影響でしょうか、その息子、孫の代も成績優秀な人物が揃っていたのです。

ところが彼女の夫は両親の期待に応えられず私立大学に進学。さらに孫として生まれた彼女の息子は、お勉強はちょっと苦手だけれどスポーツは万能、という一族では異色のタイプでした。彼は欠点を補っても余りある才能の持ち主でしたが、幼い頃から一族の中では「恥」扱いで、「運動ばかりできても頭が悪ければ何もならない」「あんなデキの悪い子はわが家の恥」と祖父母にあからさまに言われながら育ちました。そして思春期に入ると同時に自分の事を評価してくれる仲間の所に入り浸るようになり、家に寄り付かなくなってしまったのです。私の友人はとても優しい女性でしたが、彼女には義理の両親に反抗する強さはありませんでした。

彼の場合は一族の要求水準に達しないことが「恥」とされましたが、集団の秩序を乱す存在であることも「恥」とされます。ケンカや万引き、その他の非行行為など、反社会的な行為をする子は「親の育て方がなっていない」「子どもがああなったのは親のせい」という視線にさらされ、その集団の「恥」とされるのです。

いずれにしても、世間から「恥」とされる子に親の選択肢は二つ。わが子を責めることで自分の立場を守るか、世間に背を向けてでも子どもに寄り添うか、です。

私の友人はわが子を表だって責めはしませんでしたが、かといって義理の両親に軽蔑されるわが子を全力で守ったわけでもありません。息子に伝わったメッセージは、「ママは僕の味方になってくれないんだ」ということでした。

その子のありのままを受け止める

自分の存在そのものについて、また、自分がしでかしたことについて、「恥ずかしい」という評価をされてしまうのは、子どもにとって非常に辛く、苦しいことです。自分より世間体が重んじられるというのは、常に「あなたの存在はちっぽけで取るに足らない」と言われ続けているのといっしょ。そんな自分が何をしようと誰も困らないだろう、心配もしないだろうと思えば、彼らの行動選択はどんどん楽な方へ、楽な方へと引っ張られていきます。

逆に世間体より自分の事を大切にしてもらえる経験の積み重ね、ありのままを受け入れてもらえて、自分がかけがえのない存在であると認められているという安心感は、彼らに自信を与え、自分を大切にしようという自尊心をはぐくみます。

わが子のありのままの姿、やむにやまれずしでかしたことに対して、反射的に「恥ずかしい」と感じて責めてしまうようなら、自分の価値観のよりどころを見直してみましょう。わが子を、周囲の評価から自由にしてやるのも親の大切な仕事のはずです。

家族が周囲の人の目ばかり気にしている家庭は、子どもにとって居心地がいいわけがありません。彼らは別の場所を探し求めるでしょう。また、たとえ独り立ちの時がやってきても、自分に自信が持てず安心して羽ばたいていくことができません。

お子さんはもう10歳。世間体を第一に考えるのでなく、友人、着るもの、音楽、本、趣味、恋人など、すべては彼らが自分の価値観で選んでいく時期に入ります。失敗だって彼らのものなのです。

親がその一つひとつをあげつらい、世間体という尺度で計って、「恥ずかしい」「誇らしい」「まあ許せる」と評価の色分けをすることにはなんの意味もありません。世の中に「恥ずかしい子」なんて一人もいないのです。

こうすれば伸びる！

わが子を恥ずかしいと感じるのはなぜ？

わが子のありのままを受け止めること。

世間体という尺度は捨てる。

WORD 40

やさしくしなさい！

こんなふうに言っちゃうこともあるよね ▶ お友だちにはやさしくね！人にはやさしくするのよ！

自分中心でちっとも人のことを考えません。こんなに自分勝手なことばかりしていると、お友だちなんかいなくなってしまうんじゃないかと心配です。

やさしさとは無縁

男の子たちの特徴に「競争が大好き」「人をからかうのが好き」「ふざけるのが好き」「ケンカ大好き」「人の評価を気にしない」「周囲のことに無頓着」「人の気持ちに無頓着」などというものがあります。これらはすべてやさしさとは対極にあるもの。男の子らしい特徴を持っている男の子って、一見するとやさしさとは無縁の生き物のように思えます。

女の子の中でこのような性質を持っていると、友だち付き合いがなかなかうまくいかず「浮いて」しまいます。「うちの息子に友だちがいなくなってしまう」と心配するママが多いのもこのため。

でも、男の子たちの間では、このような性質が友だち付き合いの妨げになることはありません。男の子たちそれぞれが、似たようなものだからです。

同じ趣味や好みでつながってはいても、それぞれが互いに合わせることなく、マイペースを保っているのが男の子の友だち付き合いの特徴でもあります。

その上で、男の子たちにとって「やさしさ」というのがとてもわかりにくい概念であることも知ってほしいのです。競争が大好きな子は、相手に対する思いやりが持ちにくいし、相手をからかって喜ぶ子は、からかわれる相手の気持ちに無頓着。

やさしさとはなにかを教える

うちの息子が脚を骨折して松葉杖で登校していた時、突然降りだした雨に難儀していたら、見知らぬおばあさんがずっと傘をさしかけて家の近くまでいっしょに歩いてくださったそうです。彼にとっては、これがものすごく新鮮な経験だったよう。体の不自由な人にやさしくするということを、知識として知ってはいたはずですが、自分がそのやさしさに直接触れて、それがどんなにありがたいことなのかを身をもって知ったのでしょう。

男の子たちには、「やさしくしなさい」と口を酸っぱくして言うより、実際に自分自身がやさしくされることを体験することのほうがより明確に伝わるようです。家族の中でも、パパがママに、ママがパパに、そして両親が子どもたちに、やさしく接する様子を見せて、少しずつ「やさしさとは何か」を理解させていくのが近道です。

もうっママは！毎日毎日怒られる人の気持ちにもなってよね!!
もっと人にやさしく!!
毎日毎日怒らされる方の身にもなってくれ

こうすれば伸びる！

男の子の性質はやさしさとは対極にある。

やさしくないから仲間外れになることはない。

口で言うより体験させたほうが伝わる。

WORD 41

それのどこがいいの？

こんなふうに言っちゃうこともあるよね

みっともないからやめて！
何よそのヘンな格好！
何がいいのかわいんないよ！

息子がお風呂からなかなか出てこないので見に行ったら、洗面所の鏡に向かって髪の毛をいじったり、眉毛を抜いたり……。なんだか変な洋服もほしがるようになりました。

男の子たちもお年頃

男女問わず、十代の訪れとともに周囲の目、特に異性の目を気にするようになります。それまで「ファッション」や「ヘアスタイル」などという言葉があることすら知らなかった男の子たちも、髪型やまゆ毛の形、着る物などが気になり始めるのです。朝ギリギリまで寝ていて立ち食いそばのように朝食をかき込み、寝ぐせだらけの頭を振り乱して登校していた子が、朝食を抜いても寝ぐせ直しに力を注ぐようになったらその時期です。

たいして濃くないヒゲはパパのひげそりをちょっと拝借し、ついでにまゆ毛にも手をつける。軽く整えるつもりだったのに、どうしても左右がそろわなくてどんどん細くなり真っ青に。これは男の子の多くが経験することのようで、年頃の息子を持つ多くのママたちからは、息子に自分の眉墨を貸したという話をよく聞きます。

また、小学校低学年のうちは、親が買ったものの中から着心地優先で洋服選びをしていた子たちが、Tシャツのデザインやブランドにこだわりを持ったり、スポーツウエアやバッグ、靴やスパイクを自分好みのブランドで揃えたいと言ったりするのがこの時期。音楽に対する興味が芽生えて、好みのバンドが見つかり、ダウンロードして聴きながら大声で歌っていたり、その影響で自分もギターやドラムの演奏を始めるようなこともありますね。

こんなふうに、十代の彼らには彼らの心に響く「かっこよさ」の基準があります。そして、私たちの若い頃もそうだったように、それは必ずしも親の美意識と一致しないものなのです。

最初は振り幅が大きい

おしゃれに目覚めたばかりの頃は、バランスを見失い、好みの振り幅がとても大きくなってしまうことがあります。そのために突拍子もない格好をすることもありますが、これは「おしゃれのお試し期間」だからこそです。失敗しながら納得がいくまであれこれやってみて、本当に自分が好きなもの、着ていて、持っていて、しっくりくるものを選べるようになってくるはずです。

つい先日、私が電車の中で見かけた十代後半ぐらいの男の子は、どう見てもユーズドのシワシワのナイトガウンをコート代わりに羽織り、髪型はモヒカン、派手なソックスにスニーカー、といういで立ちでした。周囲の人はジロジロ見ていましたが、彼はそれを感じながらも照れも悪びれもせず、堂々としたもの。そのスタイルが彼に似合っていたかどうかは別として、それが彼の「今」なんだということは伝わってきました。おとなが作った常識に縛られまいとする主張がひしひしと感じられ、私には好感が持てたのです（ただ、もし私が彼の母親だったとしたら、そういうふうに大らかに受け止める余裕はなかったかもしれませんが）。

そこまでぶっ飛んではいなくても、制服のズボンの裾を軽く折り返したり、ブレザーの下にカーディガンやパーカーを着込んだり、ダテ眼鏡をかけたり。「みんなと違う」「ちょっとおしゃれ」を意識した着こなしをしようとする中高生男子は、今や多数派になってきました。

また、男の子の成長は下着の好みにも表われます。うちの息子は中学生になったとたん、ブリーフを嫌い柄物のトランクスをほしがりました。下着にこだわるようになるというのは、成長のひとつの指標になるかもしれませんね。

髪型については、印象的なエピソードがあります。うちの夫はとても手先が器用で、息子のヘアカットは生まれてからずっと彼が担当していたのですが、中学生の後半くらいから、息子が段々夫のカットを嫌がるようになってきたのです。パンツ一丁でお父さんとお風呂場に入るのも嫌だし、もっとおしゃれなヘアスタイルにしたいのにお父さんはわかってくれないし、という不満が積み重なっていった様子。

高校生になったとたんに「どうしても美容院でカットがしたい」と言い張り、わずかな自分のお小遣いをやりくりして、初めて美容院に行きました。意気揚々と帰って来た息子を見て、私は夫のカットの方がはるかに上手でかっこいいと思いましたが、本人はご満悦。夫はその様子を見て、少しさみしそうでした。

本当のことは言わぬが花

おしゃれの修行がひと通り落ち着くまでの間には、吹き出しそうになったり、眉をひそめざるを得なかったり、「子どもの分際で」とひとこと言ってやりたくなったりすることが山ほどあります。とんでもない格好で外を歩かれると、「似合わないよ」「どこがいいの」と直接批判的な言葉をぶつけてしましたくもなるものです。特に男の子の場合は、外見にばかり気を取られることが、生理的に許せないという気持ちを持つ人もいるでしょう。

でも、こういう時に否定的な声かけはあまりいい効果を生みません。やめろと言われると余計意固地になりますし、自分の好みを否定されるのは、気分のいいものではありませんよね。自分自身を否定されているような気持ちになることもあるでしょう。いずれにしても反発しか生まないのです。

自分でも似合うかな？　どうかな？　と思いながらおそるおそる試している段階なのに、頭ごなしに否定されては彼らも立つ瀬がありません。一時的に振り幅が大きいチャレンジをしたとしても、時間の経過とともに落ち着いてきますし、興味の対象がおしゃれや音楽以外に移るということもあります。

子どもははめて育てることが大切です。それはいくつになっても同じだし、おしゃれについても同じ。

ほめているうちに上手になっていくものです。みっともないと思っているのに白々しく「かっこいいね」「すてきだね」とは言えないでしょうが、日本語には「味がある」というとても便利な言葉があります。また、「それが好みなんだね」と、現状を肯定する言い方をするだけでもいいと思います。カウンセラーの金盛浦子さんによると、そのスタイルがどうしても好きになれない時には、「お母さんは、そんなかっこうするの好きじゃないな」と「気持ち」を伝えるといいそうです。感情を伝えることと「やめろ」と命令することとは全く別のことなんですね。

こうすれば伸びる！

周囲の目、特に異性の目が気になり始めるお年頃。

おしゃれ修行中は振り幅も大きく失敗も多いが段々おさまってくる。

できるだけ肯定的にとらえ、どうしても嫌なら「好きじゃない」と気持ちを伝えよう。

WORD 42

バカじゃない？

こんなふうに言っちゃうこともあるよね ▶ ほんとにバカだねぇ！バ〜カ！

くだらないことに夢中になり、大事なことはそっちのけ。ピントの外れたことしか言わない息子にほとほとあきれました。せめて「バカ」と言い続けて厳しく育て、打たれ強い子に育てたいです。

バカという方がバカ

「子どもを甘やかすのは間違いだ」という考え方があります。節度なく甘やかすことについては、私も反対ですし、子どもだから何をしても許されるということもないと考えています。

それと同じように、親が子どもに節度なく甘えることも間違いです。わが子だから自分の思い通りにしてもかまわない、何を言っても許される、ということはありません。それは厳しく育てるというのとはまったく違います。毎日のように「バーカ」とわが子をおとしめたからといって、それが厳しく育てることにはならないのです。

小さい頃友だちに「バカ」と言われた時、「バカと言ったほうがバカ」と反論しませんでしたか？それと同じで子どもに「バカ」と言うなら、言った親の方がバカです。

だいたい「バカ」なんて、他人にはまず言わない言葉のはず。そんなこと言ったら、その人との関係が切れてしまうくらいの強い軽蔑の言葉です。もし冗談のつもりで言ったとしても、そして実際に冗談だったとしても、それを言われた相手が許してくれるかどうかはわかりません。

プライドが粉々

男の子の心の半分はプライドでできていると言ってもいいくらいです。負けたくないし、バカにされたくないのが男の子。だからできるだけ自信を砕かず、プライドを大切にしながら育てる必要があります。自分にプライドが持てる子は、相手のことも大事にできるし、何事にも勇気を持ってチャレンジすることもできるからです。

特に自尊心が大きく揺らいでいる十代の男の子には、どんな理由があれ「バカ」とか「ダメな子」などといった直接的な非難はしないこと。

もし子どもに向かって「バカ」と言うのが口ぐせになっているのなら、即刻やめましょう。罰金箱を作って、言ったら毎回１００円入れるように子どもと約束してもいいくらいです。そして、言葉そのものだけでなく、わが子に「バカ」と言ってもいいと思っている自分のスタンス、子どもに対する距離感を、見直しましょう。もしかしたら他にも子どもに甘えて口にしている言葉があるかもしれませんよ。

こうすれば伸びる！

「バカ」は他人なら
絶対に言わない言葉。

親だから
わが子になら言ってもいい
ということにはならない。

「バカ」が口ぐせになっているなら、
絶対に改めよう。

いいかげんに機嫌を直しなさい！

こんなふうに言っちゃうこともあるよね ▶ いつまでふくれてるの！ いつまですねてるの！

ちょっとしたことでヘソを曲げると、いつまでもふくれっ面のまんまです。イライラして物に当たったり、家具や壁を蹴飛ばしたりします。気持ちの切り替えが上手な子にするにはどうしたらいいですか？

おなかにヘンな虫を飼ってる

私はうちの息子の反抗期、どうにも扱いづらいその様子を「おなかの中にヘンな虫を飼っているみたいだ」と思っていました。このヘンな虫、いつ暴れ出すか、どうしたらおとなしくしているのか、皆目見当がつかなかったのです。なんでもない時に突然怒り出したり、私のちょっとしたひと言にいら立って反発したり、逆に急におとなしくなったり……。

ある時など起き出してきた息子に「おはよう！」と元気に声をかけたら「なんで朝っぱらからそんなに元気なの！」とキレられたこともありました。

その後に来た娘の思春期にも、彼女がやたらと不機嫌な時期がありましたが、彼女が何にいら立つのかは手に取るようによくわかったのです。不用意に夫がその「スイッチ」に手を出し、口を出しては逆鱗に触れるのを見て、「やめとけばいいのに」と高みの見物をする余裕があったくらい。

どうやら息子の場合はまったくその逆の事が起きていたようで、私がよかれと思ってあれこれとやればやるほど、言えば言うほど、墓穴を掘るような状態。すべて裏目に出てしまったのです。

どうやら放置が一番らしい

十代の息子の気持ちと、母親の気持ちは残念ながらまったく一致しません。母が行きたいところには息子が行きたくない。息子がやりたいことは、母にとってはさせたくないことです。

たとえば家族で買い物に行こうというと、息子は絶対に不機嫌になります。買い物に行くより、友だちとサッカーをしたいし、ゲームがしたいのです。

彼らは野球やサッカーの練習を休んでまで家族の行事に付き合わされるなど、絶対にイヤなのです。

ごきげんを直してもらおうと「おいしい物食べようか？」「最後にゲーセンに寄ろうよ！」などと提案してもあまり意味がありません。母にとっては最大限の譲歩でも、彼らにとってはそんなの一瞬で終わる楽しみ。買い物している間中「まだなの？」「もういいでしょう」としつこくからまれて、逆ギレすることになるのが関の山です。

こういう時は放置が一番。だって彼ら自身も、おなかの中の虫を扱いかねているのですから。

こうすれば伸びる！

思春期の男の子は
おなかの中に
ヘンな虫を飼っている。

ヘタな譲歩より
放置が一番。

WORD 44

言い訳しないの！

こんなふうに言っちゃうこともあるよね

口答えするんじゃない！だって…と言うんじゃありません！

何か言うと、すぐに「だって……」と口答えが始まります。理屈にもならない言い訳を聞いていると、無性にイライラするのです。

子どもの言い分はすべて口答え？

ただでさえ口が重い男の子たちですが、反抗期に入るとさらに話をしなくなります。その息子に口答えをされると、「大事なことはちっとも話さないクセに、言い訳だけは一人前なんだから」「ロクに話もできないのに生意気に口答えするんだから」という気持ちになってしまうのは、とてもよくわかります。

でも、「大事なこと」が口答えや言い訳に形を変えて、彼らの口から出てくることもあるのです。いや、もしかしたら親が子どもの言い分を反射的に「口答え」や「言い訳」と捉えてしまうだけなのかもしれません。

子どもの言い分を反射的に「うるさい、黙れ」と封じてしまう前に、ちょっと耳を傾けてみませんか？ 言い訳の中に、彼らの本音や大事な思いが含まれてはいないでしょうか？ 親が言うことに納得できない不満、親の言い方に反発する気持ちを、彼らがたどたどしいながらも言葉にしているのなら、「あなたの言いたいことを言ってごらん」と、まずは言いたいだけ言わせてやりましょう。

そうすることによって、気持ちのガス抜きができるということもあるはずです。

言い負かさなくてもいい

子どもの言い分すべてに納得できるということはまずありません。未熟だし、幼いし、理屈にもならない屁理屈を並べられると、親としては正しいことを言って、言い負かしたくなってしまうものです。特にママは人と話すのが得意な分、正論で子どもを圧倒してしまうことがあります。こんなふうに屁理屈を言わせていると、しつけのためにならないと思う気持ちもでてきますよね。

でも10歳も過ぎれば、言いたい事を言いたいだけ言わせているうちに、自分の言い分に筋が通らないことは本人にもわかります。うちの息子など、好きなだけしゃべらせておいたら、自分の言っていることが余りにも矛盾していて、自分で笑い出したことすらあったくらいです。

理屈にならない言い分を、ムキになって正しい理屈を振りかざし、説得することにはあまり意味がありません。嫌な気持ち、反発する気持ちを、シンプルに受け止めてあげればそれでいいのです。

こうすれば伸びる！

口答えに大事なホンネが隠れていることもある。

屁理屈だと言い負かす必要はない。

反発する気持ちを受け止めてやろう。

WORD 45

都合のいい時ばかり甘えるのはやめなさい！

こんなふうに言っちゃうこともあるよね

さっきまで偉そうにしてたのに何よ！自分の都合でコロコロ変わらないでほしいわ！

さっき反抗的な態度でドアをバタンと閉めて部屋に閉じこもったと思ったら、「腹減った～！　何か作って～！」と出てきます。このギャップが許せずにいら立つ私はヘンですか？

おなかの虫に支配されている時期

「いい加減に機嫌を直しなさい」（152ページ）にも書きましたが、十代の男の子たちはおなかの中にヘンな虫を飼っています。彼らは自分勝手にふるまっているように見えて、実はこのヘンな虫に気持ちのコントロールの主導権を握られているのです。

「もう子どもじゃないもん！」と反抗したい気持ちに傾くこともあれば、おとなになることに対する不安な気持ちでいっぱいになることもあります。ママには理解しがたくても、さっきまで反抗していたのに、急に甘えたくなることだってあるのです。

息子の自分勝手な振る舞いに振り回されるママにしてみれば、そのギャップが許せない気持ちになるのも当然です。でも、こういう時にはまともに相手にしないのが一番。こちらがおとなになって、さらりと受け流してやりましょう。

だんだんにおとなになっていくから

彼らが偉そうな態度、反抗的な態度を取っている時は、子ども扱いされたくない時です。一人前のおとなとして扱ってほしいし、細々と世話をされたり、かまいたてられるのはたまらなく嫌。ママが自分を子ども扱いするちょっとしたひと言に、おなかの虫が急に暴れ出すこともあります。

　でも、そんなふうに一方的に遠ざけておきながら「悪かったなぁ」「言いすぎたなぁ」と、少し後悔する気持ちがわき上がってくることもあるのです。

　ここで素直にごめんなさいと言えず、その代わりに甘えてくるなら、それは許してあげてください。「さっきまで偉そうにしていたくせに、もう知らない！」とはねつけてしまうと、悪いなぁと後悔している気持ちが打ち消されてしまうからです。

　ママの世話になんかなりたくないという気持ちと、まだまだママに甘えていたい気持ちの間で、大きく揺れ動いている彼ら。おとなになることへの不安は、そっと受け止めてあげる必要があります。こうやって両極端な二つの気持ちの間を行き来しながら、だんだんに親から離れても不安にならずにやっていけるようになるはずです。

　もう少しで、完全にママから離れて独り立ちしていく息子ですから、それまで程よく甘やかしてやるのも母の愛というものではないでしょうか。

こうすれば伸びる！

自分でも気持ちを扱いかねている。

まともに相手にせず受け流すのもおとなの知恵。

ほどよく甘やかすのも母の愛というもの。

さいごに

最後までおつきあいありがとうございました。

何か日々の子育てにヒントになるものがありましたでしょうか？

最後に、十代の男の子を育てているみなさんに、どうしてもお伝えしたいことを一つだけ、付け加えさせてください。

それは、「生きていてくれることに感謝しよう」ということです。

統計的に見て、また、男の子たちが生まれ持った性質から考えても、男の子は女の子に比べて事故に遭いやすいことがわかっています。親や周りの大人がどんなに気をつけていても、彼らは持ち前の好奇心から無謀なチャレンジをしたり、友だちの手前引くに引けずに危険に飛び込んで行ったりするからです。不慮の事故で命を落としたり、取り返しのつかない大けがをしたりするのは、圧倒的に男の子。

その彼らが10歳を過ぎるところまで育ってくれたなら、もうそれだけで感謝です。「私はとてもいい息子に恵まれた」と、しみじみとその幸せを味わってください。

思春期の男の子たちは、心身を襲うさまざまな変化に翻弄されて、自分でもどうしていいかわからない状況にあります。そのため、一時的によそ見をしたり、脇道を歩いたりすることもあるでしょう。

このままでは将来が心配、と、まだ見ぬ未来を心配する気持ちは痛いほどわかりますが、まずは今、目の前に生きていてくれることに感謝して、彼らのありのままを認めてあげてほしいのです。無理矢理引き戻そうとしたり、思うように操ろうとしても、決していい結果にはつながりません。

この嵐の日々を抜けたら、彼らは彼ら自身の人生を、しっかりと歩いて行けるようになっているはずです。そのときには、きっと頼れる相談相手にもなってくれることでしょう。

ぷろふぃーる

小屋野《おやの》　恵《めぐみ》

子育てアドバイザー

1961 年大阪生まれ

25 年以上にわたり、子育てや教育に関するテーマを中心に、企画・編集・執筆・講演などを行う。

子育てに悩むお母さんたちには、気持ちをラクにしてくれる、ユーモアにあふれた先輩ママとして、頼りにされている。

「お母さん次第でぐんぐん伸びる！　男の子の育て方」「男の子に言ってはいけない 60 の言葉」「孫育ての新常識～幸せ祖父母のハッピー子育て術」（メイツ出版）など著書多数。

すたっふ

編集担当　覚来　ゆか里

イラスト　上 杉　映 子

ＤＴＰ　元 盛　恵

10歳を過ぎた男の子に言ってはいけない45の言葉
子どもを伸ばす母親のひと言

2018 年 1 月 20 日　　第 1 版・第 1 刷発行

著　者　小屋野　恵（おやの　めぐみ）

発行者　メイツ出版株式会社

代表者　三渡 治

〒102-0093 東京都千代田区平河町一丁目1-8

TEL：　03-5276-3050（編集・営業）

03-5276-3052（注文専用）

FAX：　03-5276-3105

印　刷　株式会社厚徳社

ISBN978-4-7804-1972-6 C2077 Printed in Japan.

ご意見・ご感想はホームページから承っております。

メイツ出版ホームページアドレス http://www.mates-publishing.co.jp/

編集長：折居かおる　　企画担当：折居かおる　制作担当：清岡香奈

※本書は2013年発行の『10歳を過ぎた男の子に言ってはいけない45の言葉　反抗期でも母親次第でぐんぐん伸びる』を元に加筆・修正を行っています。